CW01560369

Novo Português sem Fronteiras

1

Isabel Coimbra
Olga Mata Coimbra

Lidel – edições técnicas, lda
LISBOA • PORTO
e-mail: lidel@lidel.pt (Lidel *On-line*)
http://www.lidel.pt
(*site* seguro certificado pela Thawte)

EDIÇÃO E DISTRIBUIÇÃO

Lidel - edições técnicas, lda

ESCRITÓRIO: Rua D. Estefânia, 183, r/c Dto. - 1049-057 Lisboa
Internet: 21 354 14 18 - livrarialx@lidel.pt
Revenda: 21 351 14 43 - revenda@lidel.pt
Formação/Marketing: 21 351 14 48 - formacao@lidel.pt/marketing@lidel.pt
Ens. Línguas/Exportação: 21 351 14 42 - depinternacional@lidel.pt
Linha de Autores: 21 351 14 49 - edicoesple@lidel.pt
Fax: 21 357 78 27 - 21 352 26 84
Periódicos: 21 351 14 41
Fax: 21 352 26 84

LIVRARIAS
LISBOA: Av. Praia da Vitória, 14 - 1000-247 Lisboa
Telef.: 21 354 14 18 - Fax: 21 357 78 27 - livrarialx@lidel.pt

PORTO: Rua Damião de Góis, 452 - 4050-224 Porto
Telef.: 22 557 35 10 - Fax: 22 550 11 19 - delporto@lidel.pt

Copyright © Julho 2009
Lidel - Edições Técnicas, Lda.

Capa, concepção de *layout* e paginação: Rute Pires
Fotografias dos separadores, diálogos e textos: Elisabete Nunes
Ilustrações: Hauke Vagt
Figuração: Real Dream
Impressão e acabamento: Rolo & Filhos II, S. A.
Depósito Legal: 293295/09

ISBN: 978-972-757-530-5

CD Áudio
Produção: Armazém 42
Vozes: Paulo Espírito Santo, Ana Vieira, José Alves, Joana Brandão, Bárbara Lourenço

Índice

Introdução 4

Tábua de matérias 5

Unidade 1 «Como é que se chama?» 8
Unidade 2 «Tu é que és a amiga da Joana, não és?» ... 14
Unidade 3 «O que é aquilo ali, Joana?» 22
Unidade 4 «Onde está a minha bola encarnada, Diogo?» ... 30
Unidade 5 «Eu bebo o meu frio, mãe.» 38

Revisão 1/5 46

Unidade 6 «Esqueço-me sempre do nome...» 50
Unidade 7 «Sei lá! Não consigo decidir-me...» 58
Unidade 8 «(...) o filme já vai começar.» 68
Unidade 9 «Vê lá em cima da mesa da cozinha.» 80
Unidade 10 «De avião deve ser difícil (...)» 88

Revisão 6/10 96

Unidade 11 «Como foi a tua viagem?» 100
Unidade 12 «Os meus pais mandaram-me dinheiro.» ... 108
Unidade 13 «(...) andei a fazer arrumações e parti o braço.» ... 116
Unidade 14 «Então, o que é que o médico te disse?» ... 124
Unidade 15 «Acham que se pode tomar banho?» 132

Revisão 11/15 139

Unidade 16 «Por onde é que vieram?» 142
Unidade 17 «Então hoje não houve aulas, hem!» 148
Unidade 18 «Não me atires areia!» 154
Unidade 19 «Onde é que puseste o martelo e as cavilhas?» ... 160
Unidade 20 «Mostrámos-te tudo o que pudemos.» ... 166

Revisão 16/20 172

Teste 175

Apêndice 1 – Lista de verbos – Presente e pretérito perfeito simples do indicativo ... 179
Apêndice 2 – Conjugações perifrásticas 181
Apêndice 3 – Imperativo 182
Apêndice 4 – Pronomes pessoais 183
Apêndice 5 – Plural dos nomes e adjectivos 184
Apêndice lexical – Vocabulário 185
Apêndice lexical – Expressões 191
Léxico – Português, Alemão, Espanhol, Francês e Inglês ... 193

INTRODUÇÃO

O *NOVO Português sem Fronteiras* visa manter a estrutura da edição original, combinando o melhor do método tradicional com o que mais recentemente tem surgido a nível de uma abordagem comunicativa, respeitando os objectivos da política linguística do Conselho da Europa, definida no *Quadro Europeu Comum de Referência para as Línguas*.

O *NOVO Português sem Fronteiras* é, pois, uma actualização e modernização do manual inicial, que teve em conta as diversas sugestões, comentários e reacções tanto de professores como de alunos que utilizam este método desde a sua publicação.

Quanto à forma, o *NOVO Português sem Fronteiras* apresenta um *design* moderno e apelativo, em que a cor predomina, tendo sido fortemente enriquecido com imagens actuais bem como fotografias.

Quanto ao conteúdo, o *NOVO Português sem Fronteiras* apresenta novas personagens e novas realidades socioculturais, tendo os diálogos e textos sido actualizados de forma a melhor traduzirem a sociedade portuguesa do século XXI; integra ainda novos exercícios e áreas temáticas, de que destacamos as referências às diferentes comunidades que têm o Português como língua oficial; a tradução do léxico foi alargada ao Espanhol.

O *NOVO Português sem Fronteiras* vem acompanhado de dois CD Áudio, que contêm as gravações dos diálogos, textos e exercícios de oralidade, que têm por objectivo o desenvolvimento de competências a nível da compreensão oral bem como a confirmação da pronúncia do Português europeu.

As Autoras

🟧 Países de Língua Oficial Portuguesa
🟦 Comunidades onde a Língua Portuguesa se conserva como língua de cultura

Tábua de matérias

Unidade	Áreas Lexicais/ Tópicos Vocabulares	Áreas Gramaticais/Estruturas
1	Apresentações (1) Nacionalidades (1) Profissões (1)	Afirmativas/Interrogativas/Negativas (1) Artigos definidos (1) Interrogativos (1) Presente do Indicativo (P.I.): ser (1); as formas «chamo-me/chama-se» Pronomes pessoais sujeito/Pronomes de tratamento (1)
2	Apresentações (2) Cumprimentos Família Nacionalidades (2)/Naturalidade Países/Cidades Profissões (2)	Afirmativas/Interrogativas/Negativas (2) Artigos definidos (2) Interrogativos de confirmação Interrogativos (2) Preposições (1) P.I.: ser (2) Pronomes pessoais sujeito/tratamento (2)
3	A escola (1) Dados pessoais Despedidas (1) Idade	Advérbios de lugar Artigos indefinidos Cardinais (1) Demonstrativos Interrogativos (3) P.I.: ter; regulares em -ar
4	A casa Cores Estações do ano (1)	Concordância do adjectivo com o substantivo Interrogativos (4) Possessivos Preposições (lugar) (2) P.I.: estar ser v. estar (1)
5	Comida/bebida (1) Datas Dias da semana Meses do ano Refeições	Advérbios de tempo (1) Cardinais (2) Conjugação perifrástica: estar a + infinitivo Interrogativos (5) P.I.: regulares em -er; a forma «há» P.I.: v. conjugação perifrástica
6	Aniversário Comida/bebida (2) Épocas festivas Estações do ano (2) Horas	Advérbios de tempo (2) Conjugação pronominal reflexa Interrogativos (6) Preposições (tempo) (3) P.I.: irregulares em -er (1) Pronomes pessoais reflexos e a sua colocação ser v. estar (2)

Unidade	Áreas Lexicais/ Tópicos Vocabulares	Áreas Gramaticais/Estruturas
7	Compras (1) Dinheiro Vestuário	Cardinais (3) Interrogativos (7) Ordinais P.I.: irregulares em -er (2); regulares em -ir Pronomes pessoais complemento indirecto (1)
8	Cultura portuguesa (1) Movimentações (1) Tempos livres (1)	Conjugação perifrástica: ir + infinitivo Graus dos adjectivos/advérbios (1) Interrogativos (8) Preposições (4) P.I.: irregulares em -ir (1); verbos em -air
9	Comida/bebida (3) Compras (2) Dinheiro/trocos Estabelecimentos comerciais Unidades de peso	Advérbios de tempo (3) Imperativo (1) Indefinidos (1) P.I.: irregulares em -ar/ irregulares em -er (3)
10	Escritório Marcações/reservas Meios de transporte Negócios (1) Telefone (1)	Imperativo (2) Preposições (5) Verbos auxiliares de modalidade
11	Desporto Negócios (2)	Advérbios de tempo (4) Graus dos adjectivos/advérbios (2) «Há» com expressões de tempo Pretérito Perfeito Simples do Indicativo (P.P.S.): ir, ser, estar, ter
12	Bancos Correios Preenchimento de impressos	P.I. v. P.P.S. P.P.S.: regulares em -ar
13	A saúde O corpo humano	Advérbios de quantidade Conjugações (1) Indefinidos (2) P.I.: verbos em -oer (3.ª pessoa) P.P.S.: regulares em -er e -ir; verbos em -air; irregulares em -er (1)
14	Cultura portuguesa (2) Telefone (2) Tempos livres (2)	Conjugações (2) P.P.S.: irregulares em -er (2) Pronomes pessoais complemento directo (1); circunstancial (1)

Unidade	Áreas Lexicais/ Tópicos Vocabulares	Áreas Gramaticais/Estruturas
15	Cultura portuguesa (3) Regiões de Portugal Tempos livres (3) Correio electrónico	Frases exclamativas Se apassivante P.P.S.: irregulares em -er (3) Revisões: P.P.S.
16	Movimentações (2) Tempos livres (4)	Conjugação perifrástica: haver de + infinitivo Interrogativos (9) Preposições (6) P.P.S.: irregulares em -ir Revisões: P.I.; P.P.S. Sinonímia
17	A escola (2) Biografia Cultura portuguesa (4)	P.P.S.: irregulares em -er (4); a forma «houve» Pronomes pessoais complemento directo (2); indirecto (2) Revisões: P.I.; P.P.S.
18	Tempos livres (5)	Imperativo (3) P.P.S.: irregulares em -ar Revisões: imperativo; P.P.S.
19	Tempos livres (6)	Conjugações (3) P.P.S.: irregulares em -er (5) Pronomes pessoais complemento directo (3) Revisões: P.P.S.; imperativo
20	Aeroporto Partida/regresso	P.P.S.: irregulares em -er (6) Pronomes pessoais complemento circunstancial (2) Revisões: P.I.; P.P.S.; preposicões

Como é que se chama?

Áreas gramaticais / estruturas

Pronomes pessoais sujeito:
- eu, você, ele, ela

As formas verbais:
- me chamo, se chama,
  chamo-me, chama-se / sou, é

Artigos definidos (singular):
- o, a

Advérbios:	• não, sim, também
Conjunções:	• e, mas, ou
Interrogativos:	• como, qual
Preposições:	• de

José: Bom dia. Eu chamo-me José Costa. E você? Como é que se chama?
Ângela: Chamo-me Ângela Simba.
José: Eu sou tradutor. E você?
Ângela: Sou estudante.
José: Sou português. Você também é portuguesa?
Ângela: Não, não sou portuguesa. Sou angolana.

D I Á L O G O

Vamos lá falar!

Oralidade 1

1. Como se chama?
   Chamo-me _____.
2. Como é que você se chama?
   Chamo-me _____.
3. E você? Como se chama?
   Chamo-me _____.
4. Como é que ela se chama?
   Chama-se _____.
5. Como é que ele se chama?
   Chama-se _____.
6. Como é que eu me chamo?
   Você chama-se _____.

Oralidade 3

Exemplos:
   – *Ele chama-se Manuel.*
   – Como *é que ele se chama*?
   – *Você chama-se Maria.*
   – Como *é que eu me chamo*?

1. – Ela chama-se Rafaela.
   – Como _____ ?
2. – Você chama-se Pedro.
   – Como _____ ?
3. – Eu chamo-me Ana.
   – Como _____ ?
4. – Chama-se Marta.
   – Como _____ ?
5. – Chamo-me Carlos.
   – Como _____ ?
6. – Ele chama-se João.
   – Como _____ ?

Apresentação 1

Pergunta	Resposta
Como (é que eu) me chamo?	(Você) chama-se …
Como (é que você) se chama?	(Eu) chamo-me …
Como (é que ele/ela) se chama?	(Ele/ela) chama-se …

Oralidade 2

Exemplo: Eu *chamo-me* José.

1. Eu _____ Teresa.
2. Você _____ Pedro.
3. Ela _____ Sofia.
4. Ele _____ João.
5. Eu _____ Carlos.
6. Você _____ Maria.

Apresentação 2

Afirmativa	Negativa
(Eu) sou	(Eu) não sou
(Você, ele, ela) é	(Você, ele, ela) não é

Oralidade 4

1. Eu sou professora, não sou aluna.
2. Ele é aluno, não é professor.
3. Ela é advogada, não é economista.
4. Você é arquitecto, não é engenheiro.
5. Você é médica, não é enfermeira.
6. Você é tradutor, não é intérprete.

1

ORALIDADE 5

Exemplo: Ele <u>é</u> tradutor.

1. Eu _____ programador.
2. Você _____ psicólogo.
3. Ele não _____ electricista.
4. Eu não _____ jardineiro.
5. Ela _____ cabeleireira.
6. Você não _____ pintor.

APRESENTAÇÃO 3

Artigos definidos	
singular	
masculino	feminino
o	a

ORALIDADE 7

1. _____ Pedro é português, mas _____ Susan é inglesa.
2. _____ professor chama-se Manuel.
3. _____ Sabine é alemã e _____ Hans também é alemão.
4. _____ João é desenhador e _____ Marta é decoradora.
5. _____ recepcionista chama-se Teresa.

ORALIDADE 6

Exemplos: – *Eu sou portuguesa? (Sim)*
– <u>*Sim, você é portuguesa*</u>.

– *Ele é português? (Não / angolano)*
– <u>*Não, não é. É angolano*</u>.

1. – Ela é alemã? (Sim)
– _____.

2. – Você é espanhol? (Não / alemão)
– _____.

3. – Eu sou americana? (Não / inglesa)
– _____.

4. – Ele é holandês? (Não / francês)
– _____.

5. – Sou indiano? (Sim)
– _____.

6. – Você é moçambicano? (Não / angolano)
– _____.

TEXTO

> Boa tarde. Chamo-me Madalena, sou portuguesa e sou professora. O Fábio também é professor, mas não é português, é brasileiro.
>
> A Rosinela é angolana e o Abel é moçambicano. Ela é modelo e ele é fotógrafo.
>
> O Mendi é indiano e é enfermeiro. A Zahara também é indiana, mas não é enfermeira, é médica.

VAMOS LÁ ESCREVER!

COMPREENSÃO

1. Como é que se chama a professora?

_____

2. Qual é a nacionalidade do Fábio?

_____

3. O Abel é modelo ou fotógrafo?

_____

4. A Rosinela é angolana. E o Abel?

_____

5. Qual é a profissão do Mendi e da Zahara?

_____

ESCRITA 1

. . . .

Exemplo: A / Hans / e / é / alemã / Sabine / o / alemão / é
A Sabine é alemã e o Hans é alemão.

1. O / Rafaela / intérprete / é / mas / João / é / a / desenhador / .

_____

2. Qual / a / é / do / nacionalidade / André / ?

_____

3. Eu / professora / e / sou / portuguesa / sou / .

_____

4. Como / se chama / é que / motorista / o / ?

_____

5. Você / desenhador / é / arquitecto / ou / ?

_____

ESCRITA 2

. . . .

Complete com:

> chama-se • se chama • sou • é • é que • eu • ele • ela • ou • mas
>
> nacionalidade • profissão • português • qual • a • não • aluno

A.

Ela _____ Carmen e _____ espanhola.

E ele? Como _____ ele _____?

_____ chama-se Pablo e é _____.

_____ Carmen _____ professora _____ aluna?

_____ professora, _____ ele é _____.

B.

– E você?

– _____ chamo-me José e _____ tradutor.

– E _____ é a _____ da Paula? Ela _____ médica?

– _____, é enfermeira.

C.

Qual _____ a _____ e a _____ do Roberto?

Ele _____ brasileiro e _____ programador.

ESCRITA 3

NOME	PAÍS	NACIONALIDADE	LÍNGUA	PROFISSÃO
Hans	Alemanha			médico
Ângela	Angola	*angolana*	*português*	*estudante*
Nicole	Áustria			intérprete
Roberto	Brasil			
Juan	Chile			economista
David	E.U.A.			psicólogo
Carmen	Espanha			
Dominic	França			médico
Thomas	Holanda			engenheiro
Mendi	Índia			
Susan	Inglaterra			recepcionista
Maura	Itália			decoradora
Abel	Moçambique			
José	Portugal			
Irina	Rússia			modelo
Ingmar	Suécia			advogado

SUMÁRIO

Competências comunicativas

Cumprimentar	"Bom dia." "Boa tarde."
Dar ênfase	"Como é que se chama?"
Dar informações pessoais	"Chamo-me Madalena." "Sou professora." "Sou portuguesa."
Pedir informações pessoais	"Como é que se chama?" "Qual é a profissão da Paula?" "Qual é a nacionalidade do Fábio?"

Vocabulário

Nomes e adjectivos:

o advogado	o dia	a Inglaterra	português (adj.)
a Alemanha	o economista	inglês (adj.)	o professor
alemão (adj.)	o electricista	o intérprete	a profissão
o aluno	o enfermeiro	a Itália	o programador
americano (adj.)	o engenheiro	italiano (adj.)	o psicólogo
Angola	a Espanha	o jardineiro	o recepcionista
angolano (adj.)	espanhol (adj.)	a língua	a Rússia
o arquitecto	os Estados Unidos da	o médico	russo (adj.)
a Áustria	América (E.U.A.)	Moçambique	a Suécia
austríaco (adj.)	o estudante	moçambicano (adj.)	sueco (adj.)
o Brasil	o fotógrafo	o modelo	a tarde
brasileiro (adj.)	a França	o motorista	o tradutor
o cabeleireiro	francês (adj.)	a nacionalidade	
o Chile	a Holanda	o nome	
chileno (adj.)	holandês (adj.)	o país	
o decorador	a Índia	o pintor	
o desenhador	indiano (adj.)	Portugal	

Expressões:

Boa tarde	(...) é que (...)	Bom dia	

Verbos:

chamar-se	ser	

Unidade 2

Tu é que és a amiga da Joana, não és?

Áreas gramaticais / estruturas

Pronomes pessoais sujeito:
- eu, tu, você, ele, ela, nós, vocês, eles, elas

Presente do indicativo:
- ser

Interrogativas de confirmação

Artigos definidos (plural):
- os, as

Tratamento formal e informal:
- tu, você(s), o(s) senhor(es), a(s) senhora(s)

Advérbios:	• bem, pois
Demonstrativos:	• esta, este(s)
Indefinidos:	• todos
Interjeições:	• olá!
Interrogativos:	• de onde, onde, quantos, quem
Possessivos:	• meu(s), minha
Preposições:	• em

DIÁLOGO

Joana: Desculpe. Você é a Ângela Simba?
Ângela: Sim sou. Sou a Ângela Simba. És a Joana Viana?
Joana: Sou, sim. Como estás?
Ângela: Bem, obrigada.
Joana: Estes são os meus pais.
Ângela: Muito prazer. Como estão os senhores?
Sr. Viana: Bem, obrigado.
D. Cristina: Muito gosto, Ângela. Bem-vinda a Lisboa.
Joana: Este é o meu irmão Diogo.
Diogo: Como estás, Ângela?
Joana: E este é o meu irmão Luís.
Luís: Olá! Tu é que és a amiga da Joana, não és?

VAMOS LÁ FALAR!

ORALIDADE 1

1. Eu sou
2. Tu és
3. Você é
4. Ele é
5. Ela é
6. Nós somos
7. Vocês são
8. Eles são
9. Elas são

APRESENTAÇÃO 1

Pronomes pessoais	Presente do indicativo _ser_	
sujeito	Afirmativa	Negativa
eu	sou	não sou
tu	és	não és
você, ele, ela	é	não é
nós	somos	não somos
vocês, eles, elas	são	não são

ORALIDADE 2 🔵 12

Exemplo: – _Quem és tu? (Ângela)_
– (Eu) _sou a Ângela._

1. – Quem é ela? _(D. Cristina)_
   – (Ela) _____ .
2. – Quem são vocês? _(família Viana)_
   – (Nós) _____ .
3. – Quem são eles? _(Diogo e Luís)_
   – (Eles) _____ .

4. – Quem sou eu? _(Luís)_
   – (Tu) _____ .
5. – Quem és tu? _(amiga da Joana)_
   – (Eu) _____ .
6. – Quem é ele? _(irmão do Luís e da Joana)_
   – (Ele) _____ .

2

ORALIDADE 3

Exemplos: – A Ângela é a amiga da Joana? *(Sim)*
– *Sim, é.*

– O Luís é o pai da Joana? *(Não / irmão)*
– *Não, não é. É o irmão da Joana.*

1. – O Sr. Viana e a D. Cristina são portugueses? *(Sim)*

– _____ .

2. – Vocês são angolanos? *(Não / portugueses)*

– _____ .

3. – A Ângela e a Joana são irmãs? *(Não / amigas)*

– _____ .

4. – O Luís e a Joana são irmãos? *(Sim)*

– _____ .

5. – Luís, és professor? *(Não / aluno)*

– _____ .

APRESENTAÇÃO 2

Interrogativas de confirmação	
Afirmativa	**Negativa**
Eu **sou** aluno, **não sou?**	Eu **não** sou professor, **pois não?**
Tu **és** aluno, **não és?**	Tu **não** és professor, **pois não?**
Você **é** aluno, **não é?**	Você **não** é professor, **pois não?**
Ele **é** aluno, **não é?**	Ele **não** é professor, **pois não?**
Ela **é** aluna, **não é?**	Ela **não** é professora, **pois não?**
Nós **somos** alunos, **não somos?**	Nós **não** somos professores, **pois não?**
Vocês **são** alunos, **não são?**	Vocês **não** são professores, **pois não?**
Eles **são** alunos, **não são?**	Eles **não** são professores, **pois não?**
Elas **são** alunas, **não são?**	Elas **não** são professoras, **pois não?**

ORALIDADE 4

Exemplos: – A Marta é secretária, *não é?*
– *É, é.*

– A Joana não é irmã da Ângela, *pois não?*
– *Não, não.*

1. – A Ângela é angolana, _____ _____ ?

– _____, _____ .

2. – O Diogo e o Luís não são franceses, _____ _____ ?

– _____, _____ .

3. – Somos alunos de português, _____ _____ ?

– _____, _____ .

4. – Sou professora, _____ _____ ?

– _____, _____ .

5. – Não és economista, _____ _____ ?

– _____, _____ .

6. – A Joana é portuguesa, _____ _____ ?

– _____, _____ .

7. – És amiga da Ângela, _____ _____ ?

– _____, _____ .

8. – O Luís é irmão do Diogo, _____ _____ ?

– _____, _____ .

9. – Não sou inglesa, _____ _____ ?

– _____, _____ .

10. – Vocês são amigos, _____ _____ ?

– _____, _____ .

APRESENTAÇÃO 3

	Artigos definidos	
	masculino	**feminino**
singular	o	a
plural	os	as

ORALIDADE 5 (15)

1. _____ irmã do Diogo chama-se Joana.

2. _____ Sr. e _____ Sra. Viana são _____ pais do Diogo.

3. Elas são _____ amigas da Joana.

4. _____ D. Cristina é _____ mãe dos amigos da Ângela.

5. _____ Sr. João é _____ pai do Diogo.

APRESENTAÇÃO 4

	Tratamento	
	formal	**informal**
singular	você (–) o senhor (+) a senhora (+)	tu
plural	os senhores as senhoras	vocês

ORALIDADE 6 (16)

1. Ângela: _____ é o pai do Diogo? *(+ formal)*
Sr. Viana: Sim, sou.

2. Ângela: _____ são os irmãos da Joana? *(informal)*
Diogo e Luís: Sim, somos.

3. D. Cristina: _____ é angolana, Ângela? *(– formal)*
Ângela: Sou, sim.

4. Luís: _____ és amiga da Joana, não és? *(informal)*
Ângela: Sou, pois.

5. Ângela: Como estão _____ ? *(+ formal)*
Sr. Viana e D. Cristina: Bem, obrigado.

2

TEXTO

Joana: De onde és, Ângela?

Ângela: Sou de Luanda, em Angola. E vocês?

Joana: Eu, os meus pais e os meus dois irmãos somos de Lisboa. Os meus avós são de Goa, na Índia. A minha avó é professora de português e o meu avô é director de um jornal local. A tia Júlia, irmã da minha mãe, é médica no hospital de Aveiro e o marido, o tio António, é juiz no tribunal. Os meus três primos são todos do Porto.

VAMOS LÁ ESCREVER!

COMPREENSÃO

1. De onde são os avós da Joana?

_____

2. Quem é professora de português na escola de línguas?

_____

3. Onde é Goa?

_____

4. Qual é o nome do tio da Joana?

_____

5. Como é que a tia se chama?

_____

6. Quantos são os primos da Joana?

_____

ESCRITA 1

Exemplo: amigas / e / tu / são / Ângela / a / são / não / ?
Tu e a Ângela são amigas, não são?

1. Simba / a / não / família / é / Portugal / de / pois / não / ?

_____

2. Júlia / a / médica / tia / é / hospital / no / Aveiro / de / .

_____

3. Ângela / é / onde / de / a / ?

_____

4. do / primos / não / os / Diogo / de / são / Aveiro / são / ?

_____

5. pais / são / os / de / Diogo / Lisboa / do / .

ESCRITA 2

Complete os diálogos:

A.

Ângela: _____ ?

Joana: Nós somos todos de Lisboa. E tu?

Ângela: _____ .

Luís: Onde é Luanda?

Ângela: _____ .

B.

D. Cristina: Olá, Ângela! Como estás?

Ângela: _____ . _____ ?

D. Cristina: Muito bem, obrigada.

Ângela: _____ ?

D. Cristina: O Sr. Viana é bancário. E tu Ângela?

Ângela: _____ .

C.

Ângela: Boa noite. Eu sou a Ângela Simba.

Dra. Júlia: _____ . _____ ?

Ângela: Sou sim. Sou amiga da Joana.

_____ , não é?

Dra. Júlia: Sim, sou a tia da Joana e também do Diogo e do Luís.

Ângela: A senhora é médica, não é? Onde?

Dra. Júlia: _____ .

SUMÁRIO

Competências comunicativas

Apresentar alguém	«Estes são os meus pais.»	
Apresentar-se	«Eu sou a Ângela Simba.»	
Chamar a atenção	«Desculpe.»	
Confirmar, perguntando	«Tu é que és a amiga da Joana, não és?» «O Diogo e o Luís não são franceses, pois não?»	
Cumprimentar alguém	«Olá!» «Como estás?» «Como está?» «Como estão?» «Boa noite.»	
Dar confirmação	«Sim, sou.» «Sou, sim.» «Sou, sou.» «Sou, pois.»	«Não, não.» «Não, não sou.» «Não sou, não.»
Dar informações pessoais	«Sou de Luanda.»	
Dirigir-se a alguém de modo	**formal**	«O senhor é o pai do Diogo?»
	informal	«Tu és a amiga da Joana?»
Falar da localização geográfica	«Onde é Goa?» «É na Índia.»	
Identificar alguém	«Ele é o irmão do Luís e da Joana.»	
Pedir informações pessoais	«De onde és, Ângela?»	
Responder a apresentações	«Muito gosto.» «Muito prazer.»	
Responder a cumprimentos	«Muito bem, obrigado.» «Bem, obrigado.»	
Solicitar a identidade de alguém	«Quem é ele?»	

Vocabulário

Nomes, adjectivos e numerais:

	Aveiro	a	doutora (Dra.)	a	mãe	o	tio
o	amigo	a	escola	o	marido		três
a	avó	a	família	a	noite	o	tribunal
o	avô	o	hospital	o	nome		
os	avós	o	irmão	o	pai		
o	bancário		Lisboa	o	primo		
	Goa		Luanda	o	Porto		
	dois	o	jornal	a	secretária		
o	director	o	juiz	a	senhora (Sra.)		
a	Dona (D.)	o	local	o	senhor (Sr.)		

Expressões:

Boa noite.		Desculpe.	Muito gosto.
Bem, obrigado.	Como ⟨ estás? está? estão?	Muito bem, obrigado.	Muito prazer.
Bem-vindo a ...			

Verbos:

ser ⟨ (de) (em)

Unidade 3

O que é aquilo ali, Joana?

Áreas gramaticais / Estruturas

Cardinais:
- 1 a 20

Artigos indefinidos (singular):
- um, uma

Presente do indicativo:
- ter, regulares em -ar (1ª conjugação)

Demonstrativos invariáveis:
- isto, isso, aquilo

Advérbios de lugar:
- aqui, aí, ali

Demonstrativos variáveis:
- este(s), esta(s), esse(s), essa(s), aquele(s), aquela(s)

Advérbios:	• já, lá, mais, muito, onde
Conjunções:	• porque
Indefinidos:	• muitos
Interrogativos:	• o que, porque, que
Preposições:	• para

DIÁLOGO

Ângela: O que é aquilo ali, Joana?
Joana: Aquilo é a biblioteca onde estudamos.
Catarina: Olá, Joana!
Joana: Olá, esta é a minha amiga angolana, a Ângela Simba.
Catarina: Olá, Ângela! Gostas de Lisboa?
Ângela: Gosto muito. Ando na mesma escola da Joana.
Catarina: E tens muitos colegas?
Ângela: Tenho. Na minha turma somos vinte.
Joana: Bom. Vamos, Ângela? Até amanhã, Catarina.
Catarina: Até amanhã, Joana. Adeus, Ângela.
Ângela: Adeus.

VAMOS LÁ FALAR!

APRESENTAÇÃO 1

Cardinais

1 – um / uma	11 - onze
2 – dois / duas	12 - doze
3 - três	13 - treze
4 - quatro	14 - catorze
5 - cinco	15 - quinze
6 - seis	16 - dezasseies
7 - sete	17 - dezassete
8 - oito	18 - dezoito
9 - nove	19 - dezanove
10 - dez	20 - vinte

ORALIDADE 1

15	17	10	13
4	6	1	9
12	3	2	20
5	7	19	14
18	16	8	11

APRESENTAÇÃO 2

Artigos indefinidos

singular

masculino	feminino
um	uma

ORALIDADE 2

1. _____ livro
2. _____ caneta
3. _____ dicionário
4. _____ lápis
5. _____ borracha
6. _____ caderno
7. _____ biblioteca
8. _____ pasta
9. _____ quadro
10. _____ mesa
11. _____ escola
12. _____ aluno
13. _____ turma
14. _____ professor
15. _____ cadeira

APRESENTAÇÃO 3

Presente do indicativo
ter

(eu)	**tenho**
(tu)	**tens**
(você, ele, ela)	**tem**
(nós)	**temos**
(vocês, eles, elas)	**têm**

ORALIDADE 3

1. Eu tenho
2. Tu tens
3. Você tem
4. Ele tem
5. Ela tem
6. Nós temos
7. Vocês têm
8. Eles têm
9. Elas têm

ORALIDADE 4

Exemplos: – Tens uma caneta, Pedro? *(Não / Raquel)*
– *Não, não tenho, mas a Raquel tem*.

– Vocês têm irmãos? *(Sim / quatro)*
– *Sim, temos. Temos quatro irmãos*.

1. – A Ângela tem um apartamento em Lisboa? *(Não / nós)*
   – _____ .

2. – O Sr. e a Sra. Viana têm filhos? *(Sim / três)*
   – _____ .

3. – Tens uma bicicleta? *(Não / Luís)*
   – _____ .

4. – Paulo, tens irmãos? *(Sim / dois)*
   – _____ .

5. – Vocês têm um dicionário? *(Não / elas)*
   – _____ .

6. – Miguel, tens irmãs? *(Sim / uma)*
   – _____ .

7. – Você tem uma borracha? *(Não / ela)*
   – _____ .

APRESENTAÇÃO 4   A

Pronomes demonstrativos invariáveis	Advérbios de lugar
isto	aqui
isso	aí
aquilo	ali

ORALIDADE 5 🔘 23

Exemplos: – O que é isso aí? *(lápis)*
– *Isto aqui é um lápis.*

– O que é aquilo ali? *(mesas)*
– *Aquilo ali são mesas.*

1. – O que é aquilo ali? *(pasta)*
– _____ .

2. – O que é isso aí? *(livros)*
– _____ .

3. – O que é isto aqui? *(borracha)*
– _____ .

4. – O que é aquilo ali? *(dicionário)*
– _____ .

5. – O que é isto aqui? *(cadeiras)*
– _____ .

6. – O que é isso aí? *(régua)*
– _____ .

APRESENTAÇÃO 4   B

Pronomes demonstrativos
variáveis

singular		plural		
masculino	**feminino**	**masculino**	**feminino**	
este	esta	estes	estas	(aqui)
esse	essa	esses	essas	(aí)
aquele	aquela	aqueles	aquelas	(ali)

ORALIDADE 6 🔘 24

1. _____ lápis aqui é do Diogo.

2. _____ borracha ali é da Sofia.

3. _____ livros aí são da minha amiga Ângela.

4. _____ jornal ali é do Sr. Viana.

5. _____ canetas aqui são do Miguel.

6. _____ cadernos aí são do Paulo.

ORALIDADE 7 🔘 25

Exemplo: – O que é isto aqui? *(lápis / Catarina)*
– *Isso é um lápis. Esse lápis é da Catarina.*

– O que é aquilo? *(livros / alunos)*
– *Aquilo são livros. Aqueles livros são dos alunos.*

1. – O que é isso aí? *(caneta / professor)*
– _____ .

2. – O que é aquilo? *(dicionários / Ângela)*
– _____ .

3. – O que é isto? *(cadernos / minha irmã)*

– _____ .

4. – O que é isso? *(jornal / pai da Joana)*

– _____ .

5. – O que é isto? *(revistas / D. Cristina)*

– _____ .

6. – O que é aquilo? *(borracha / Miguel)*

– _____ .

APRESENTAÇÃO 5

	Presente do indicativo regulares em -ar	
(eu)	and	**o**
(tu)	estud	**as**
(você, ele, ela)	fal	**a**
(nós)	jog	**amos**
(vocês, eles, elas)	trabalh	**am**

ORALIDADE 8

1. Eu **falo** alemão.
2. Tu **estudas** matemática.
3. Você **joga** ténis.
4. Ele **anda** na Universidade.
5. Ela **trabalha** no Porto.
6. Nós **moramos** em Lisboa.
7. Vocês **trabalham** em Aveiro.
8. Eles **jogam** futebol.
9. Elas **estudam** línguas.

ORALIDADE 9

1. – Vocês falam inglês?

– Claro! _____ muito bem.

2. – O Sr. e a Sra. Viana trabalham no Porto?

– Não, _____ em Lisboa.

3. – Estudas espanhol, Ângela?

– Sim, _____ numa escola de línguas.

4. – O Luís joga ténis?

– Não, _____ futebol.

5. – O Sr. e a Sra. Oliveira moram em Lisboa?

– Não, _____ em Aveiro.

6. – O senhor fuma?

– Não, não _____ .

7. – Tu também andas na escola da Ângela?

– Sim, também _____ lá.

8. – Os pais da Ângela trabalham?

– O pai _____ , mas a mãe não.

9. – A Ângela gosta da família Viana?

– Claro! _____ muito.

10. – Onde é que você mora?

– _____ em Lisboa.

TEXTO

A família Viana mora em Lisboa. O Sr. Viana trabalha num banco e a D. Cristina é secretária num escritório de advogados. Os filhos - o Diogo, a Joana e o Luís - são todos estudantes: o Diogo tem 20 anos, a Joana 17 e o Luís tem 12 anos.

O Diogo já anda na Faculdade; estuda Medicina. A Joana gosta de línguas e já fala inglês, francês e alemão. E o Luís? Gosta da escola? Gosta, porque tem lá muitos amigos, mas não estuda muito. Gosta mais de futebol e já joga muito bem.

VAMOS LÁ ESCREVER!

COMPREENSÃO

1. Onde mora a família Viana?

_____

2. Onde é que a D. Cristina trabalha?

_____

3. Que idade é que os filhos têm?

_____

4. O que é que o Diogo e a Joana estudam?

_____

5. Porque é que o Luís gosta da escola?

_____

ESCRITA 1

A + B + C

A	B	C
1. *A amiga da Joana*	falar	bem inglês, francês e alemão.
2. O Sr. e a Sra. Viana	estudar	futebol na escola.
3. Eu e os meus amigos	ser	na escola da Joana.
4. A Catarina	jogar	empregada num escritório, D. Cristina?
5. A Joana já	morar	três filhos: o Diogo, a Joana e o Luís.
6. A senhora	*chamar-se*	no hospital de Aveiro.
7. A Ângela	trabalhar	no Porto.
8. Os primos do Luís	andar	em Luanda, pois não?
9. A Dra. Júlia	ter	muito de Portugal.
10. Joana, tu não	gostar	*Ângela Simba.*

3

1. *A amiga da Joana chama-se Ângela Simba.* _____

2. _____

3. _____

4. _____

5. _____

6. _____

7. _____

8. _____

9. _____

10. _____

Escrita 2

Observe o mapa da página 4.

PAÍS	CAPITAL	NACIONALIDADE	LÍNGUA
Angola	Luanda	angolana	P O R T U G U Ê S
Brasil	Brasília	brasileiro	
Cabo Verde	Praia	cabo-verdiana	
Guiné-Bissau	Bissau	guineense	
Moçambique	Maputo	moçambicana	
Portugal	Lisboa	portuguesa	
São Tomé e Príncipe	São Tomé	são-tomense	
Timor-Leste	Díli	timorense	

Complete:

1. O Pedro *é* português e a Ângela é *angolana*. Ele mora em *Lisboa*, a capital de Portugal e ela *mora* em Luanda a capital de *Angola*. Eles *falam português*.

2. Eu sou _____ e a Flávia é _____. Eu _____ em Maputo, a capital de _____ e ela mora em _____, a capital do Brasil. Nós também _____ português.

3. O Moisés e a Mariana _____ cabo-verdianos e a Rosália é _____. Eles _____ na cidade da Praia, a capital de _____ e ela mora na cidade de _____, a capital de São Tomé e Príncipe. Os três _____ português.

4. Tu _____ guineense e a Josefa é _____. Tu _____ em _____, a capital da Guiné e ela mora em Díli, a capital de _____. Vocês _____ português.

5. Nós _____ portugueses e _____ em Lisboa, a capital de _____ _____ português, é claro!

SUMÁRIO

Competências comunicativas

Contar de 1 a 20

Dar informações sobre alguém	«A D. Cristina é secretária num escritório de advogados.»
Despedir-se de alguém	«Até amanhã.» «Adeus.»
Identificar coisas	«Aquilo é a biblioteca onde estudamos.»
Pedir a identificação de coisas	«O que é aquilo ali, Joana?»
Pedir informações sobre alguém	«Onde mora a família Viana?»
Perguntar a idade	«Que idade é que os filhos deles têm?»
Dizer	«O Diogo tem vinte anos, a Joana 17 e o Luís tem 12 anos.»

Vocabulário

Nomes, adjectivos e numerais:

o apartamento	dezasseis	a idade	a régua
a biblioteca	dezassete	o lápis	a revista
a bicicleta	dezoito	o livro	seis
a borracha	o dicionário	a matemática	sete
a cadeira	dois	a mesa	a turma
o caderno	doze	nove	o ténis
a caneta	duas	oito	três
catorze	o escritório	onze	treze
cinco	o estrangeiro	a pasta	um
o colega	a Faculdade	o quadro	uma
dez	o filho	quatro	a Universidade
dezanove	o futebol	quinze	vinte

Expressões:

Adeus.	Bom.	ter < anos / idade	Um bocadinho.
Até amanhã.	Claro!		Vamos?
	Que idade...?		

Verbos:

andar	fumar	jogar	ter
estudar	gostar (de)	morar	trabalhar
falar			

Unidade 4

Onde está a minha bola encarnada, Diogo?

Áreas gramaticais / Estruturas

Presente do indicativo:
- estar

Preposições e locuções prepositivas:
- em, entre, dentro de, em cima de, atrás de, debaixo de, em frente de, ao lado de

Possessivos:
- meu(s), minha(s), teu(s), tua(s), seu(s), sua(s), nosso(s), nossa(s), vosso(s), vossa(a), dele(s), dela(s)

Advérbios:	• agora, então, hoje, logo, ora, pouco, só
Demonstrativos:	• a
Interjeições:	• Ó!
Interrogativos:	• de que, de quem
Locuções adverbiais:	• ao lado, em frente, se calhar
Preposições:	• até

DIÁLOGO

Luís: Onde está a minha bola encarnada, Diogo?

Diogo: A tua bola? Se calhar está no teu quarto, debaixo da cama ou dentro do armário.

Joana: Ó Diogo! Onde está a minha raqueta de ténis?

Diogo: Está em cima da cadeira, na sala de estar.

Joana: Ora, esta raqueta branca não é minha. É da Ângela.

Diogo: Tens razão. Mas ela hoje não tem ténis.

Joana: Então levo a dela. Até logo!

Diogo: Até logo!

Vᴀᴍᴏs ʟá ꜰᴀʟᴀʀ!

Apresentação 1

	Presente do indicativo estar
(eu)	estou
(tu)	estás
(você, ele, ela)	está
(nós)	estamos
(vocês, eles, elas)	estão

Oralidade 1

1. Eu estou
2. Tu estás
3. Você está
4. Ele está
5. Ela está
6. Nós estamos
7. Vocês estão
8. Eles estão
9. Elas estão

Oralidade 2

Exemplo: A raqueta da Ângela _está na_ sala.

1. A bola do Luís _____ no quarto.

2. As canetas _____ na mesa.

3. Eu e os meus amigos _____ em casa.

4. – Diogo, onde é que tu _____ ?

5. – _____ aqui, na sala.

6. A Joana _____ na escola.

4 APRESENTAÇÃO 2

As cores

Singular		Plural	
masculino	**feminino**	**masculino**	**feminino**
amarelo	amarela	amarelos	amarelas
branco	branca	brancos	brancas
castanho	castanha	castanhos	castanhas
cinzento	cinzenta	cinzentos	cinzentas
preto	preta	pretos	pretas
vermelho/encarnado	vermelha/encarnada	vermelhos/encarnados	vermelhas/encarnadas
azul		azuis	
verde		verdes	
cor-de-laranja			
cor-de-rosa			

ORALIDADE 3
32

1. Num dia de sol o céu está _____ .

2. No Outono as folhas são _____ e no Verão são _____ .

3. Num dia de chuva o céu está _____ .

4. A neve é _____ .

5. A bandeira de Portugal é _____ e _____ .

6. O sangue é _____ .

7. O carvão é _____ .

APRESENTAÇÃO 3

Preposições e locuções prepositivas

	em/dentro de
	em/em cima de
	atrás de
	debaixo de
	em frente de
	ao lado de
	entre

ORALIDADE 4

1. Estaciono o meu carro _____ _____ _____ casa.

2. A escola é _____ _____ _____ Correios.

3. O supermercado fica _____ o banco e a farmácia.

4. A pasta do Diogo está _____ _____ _____ mesa.

5. A família Viana mora _____ apartamento _____ Lisboa.

6. A bola do Luís está _____ _____ cama e não _____ _____ armário.

7. O quadro está _____ _____ professora.

APRESENTAÇÃO 4   A

Possessivos

Possuidor	singular		plural	
	masculino	**feminino**	**masculino**	**feminino**
eu	o **meu** livro	a **minha** pasta	os **meus** livros	as **minhas** pastas
tu	o **teu** amigo	a **tua** amiga	os **teus** amigos	as **tuas** amigas
você o Senhor a Senhora	o **seu** …	a **sua** …	os **seus** …	as **suas** …
nós	o **nosso** …	a **nossa** …	os **nossos** …	as **nossas** …
vocês os Senhores as Senhoras	o **vosso** …	a **vossa** …	os **vossos** …	as **vossas** …

APRESENTAÇÃO 4   B

Possuidor	Possessivos	
ELE	o livro a amiga os livros as amigas	**DELE**
ELA	o livro a amiga os livros as amigas	**DELA**
ELES	o livro a amiga os livros as amigas	**DELES**
ELAS	o livro a amiga os livros as amigas	**DELAS**

4

ORALIDADE 5

Exemplos: Eu / máquina fotográfica
É a minha máquina fotográfica.

Tu e o Pedro / canetas
São as vossas canetas.

1. Tu / bola de futebol
_____ .

2. Nós / apartamento
_____ .

3. Eles / carro
_____ .

4. Vocês / sala de aula
_____ .

5. Eu / livros de português
_____ .

6. O senhor / jornal
_____ .

7. Elas / raquetas
_____ .

8. Você / escritório
_____ .

9. A senhora / revistas
_____ .

10. Ele / escola
_____ .

11. Tu e o Ricardo / amigo
_____ .

12. Eu e a Catarina / pais
_____ .

13. O senhor e a senhora / quarto
_____ .

14. Você / dicionários
_____ .

ORALIDADE 6

Exemplo: – De quem é esta cadeira? (eu)
– *É minha.*

1. – De quem é este dicionário? *(tu)*
– _____ .

2. – De quem são aquelas canetas? *(nós)*
– _____ .

3. – De quem é aquele carro cinzento? *(eu)*
– _____ .

4. – De quem são essas revistas? *(ela)*
– _____ .

5. – De quem é esta borracha? *(você)*
– _____ .

6. – De quem são as raquetas? *(elas)*
– _____ .

7. – De quem é aquele jornal? *(vocês)*
– _____ .

8. – De quem é esse lápis? *(a senhora)*
– _____ .

9. – De quem são estes livros? *(nós)*
– _____ .

10. – De quem são esses cadernos? *(ele)*
– _____ .

TEXTO

A Ângela é angolana, mas está em Portugal. Ela mora em casa da família Santos e tem um quarto só dela. O quarto é grande, tem paredes azuis e duas janelas pequenas.

O quarto do Diogo e do Luís fica ao lado. O quarto deles tem paredes amarelas e também é grande.

O quarto da Joana fica em frente. O quarto dela tem paredes cor-de-rosa, é um pouco mais pequeno, mas tem uma janela larga.

Agora não estão nos quartos; estão todos na sala.

4

VAMOS LÁ ESCREVER!

COMPREENSÃO

. . . .

1. A Ângela está em Angola?

_____

2. Onde é que ela mora?

_____

3. Como é o quarto da Ângela?

_____

4. O Diogo tem um quarto só dele?

_____

5. De que cor é o quarto da Joana?

_____

6. Quantas janelas tem o quarto dela?

_____

7. Onde é que eles estão agora?

_____

ESCRITA 1

. . . .

Exemplo: pasta / Sr. Viana / ser / castanho / .
A pasta do Sr. Viana é castanha.

1. carro / Dra. Júlia / ser / cinzento / .

_____

2. pais / Ângela / ser / angolano / .

_____

3. canetas / preto / estar / mesa / .

_____

4. Ângela / estar / Portugal / casa / família Viana / .

_____

5. bolas / ténis / ser / branco / ou / cor-de-laranja / ?

_____

6. Ângela / ter / muito / colega / cabo-verdiano / .

_____

7. quarto / Ângela / ter / paredes / azul / .

_____

8. Ângela / gostar / muito / aulas / francês / .

_____

9. folhas / Outono / ser / amarelo / e / Verão / ser / verde / .

_____

10. Diogo / andar / Faculdade / Medicina / .

_____

SUMÁRIO

Competências comunicativas

Chamar alguém (informal)		«Ó Diogo!»
Concordar		«Tens razão.»
Descrever coisas		«O quarto dela tem paredes cor-de-rosa.»
Despedir-se de alguém		«Até logo.»
Identificar a cor		«A neve é branca.»
Identificar o possuidor		«É minha.»
Indicar o estado acidental		«(Ela) está em Portugal.»
Indicar o estado natural/habitual		«A Ângela é angolana.»
Pedir para descrever coisas		«Como é o quarto da Ângela?»
Perguntar pela cor		«De que cor é o quarto da Joana?»
Perguntar pela localização	**no espaço**	«Onde está a minha raqueta de ténis?»
Indicar a localização		«Está em cima da cadeira.»
Perguntar quem é o possuidor		«De quem é esta máquina fotográfica?»

Vocabulário

Nomes e adjectivos:

amarelo (adj.)	a casa	a folha	a raqueta
o armário	castanho (adj.)	grande (adj.)	a razão
a aula	o céu	a janela	a sala
azul (adj.)	a chuva	largo (adj.)	a sala de aula
o banco	cinzento (adj.)	a máquina fotográfica	a sala de estar
a bandeira	a cor	a Medicina	o sangue
a bola	cor-de-laranja (adj.)	a neve	o sol
branco (adj.)	cor-de-rosa (adj.)	o Outono	o supermercado
cabo-verdiano	os Correios	a parede	o Verão
a cama	o dia	pequeno (adj.)	verde (adj.)
o carro	encarnado (adj.)	preto (adj.)	vermelho(adj.)
o carvão	a farmácia	o quarto	

Expressões:

Até logo	De que cor ... ?	Se calhar ...	ter razão

Verbos:

estacionar	estar	ficar	levar

Unidade 5

Eu bebo o meu frio, mãe.

Áreas gramaticais / Estruturas

Cardinais:
- 21 a 100

Presente do indicativo:
- haver (forma impessoal)
- regulares em -er (2.ª conjugação)

Conjugação perifrástica:
- estar a + infinitivo

Advérbios:	• ainda, amanhã, fora, geralmente, logo, normalmente, sempre
Conjunções:	• como, enquanto
Indefinidos:	• uma
Interjeições:	• Hum!
Interrogativos:	• quais
Locuções adverbiais:	• à tarde, à tardinha, com facilidade, de manhã, de manhãzinha
Preposições:	• a, sem

DIÁLOGO

D. Cristina: Bom dia. Já a pé?! Hoje não há aulas!

Diogo: Bom dia, mãe. Agora temos treino aos sábados.

Luís: Bom dia. O pequeno-almoço já está pronto?

D. Cristina: Ainda não. Estou a arranjar.

Diogo: O que é que há para comer?

D. Cristina: Está aqui pão e no frigorífico há queijo e fiambre.

Luís: Hum! Estou cheio de fome.

D. Cristina: Porque é que não comem já uma sandes de fiambre com manteiga, enquanto aqueço o leite?

Diogo: Eu bebo o meu frio, mãe.

VAMOS LÁ FALAR!

APRESENTAÇÃO 1

Cardinais

21 - **vinte e um**	40 - **quarenta**
22 - **vinte e dois**	41 - **quarenta e um**
23 - **vinte e três**	...
24 - **vinte e quatro**	50 - **cinquenta**
25 - **vinte e cinco**	60 - **sessenta**
...	70 - **setenta**
30 - **trinta**	80 - **oitenta**
31 - **trinta e um**	90 - **noventa**
32 - **trinta e dois**	100 - **cem**
33 - **trinta e três**	
...	

ORALIDADE 1

36	25	86	37	88	52	28	67
45	61	94	48	82	66	93	52
50	55	79	51	75	31	77	96

APRESENTAÇÃO 2

Janeiro						
Segunda-feira	**Terça-feira**	**Quarta-feira**	**Quinta-feira**	**Sexta-feira**	**Sábado**	**Domingo**
25	26	27	28	29	30	31

a semana	Uma semana tem sete dias.
os dias da semana	Os dias da semana são: segunda-feira, terça-feira, quarta-feira, quinta-feira, sexta-feira, sábado e domingo.
o fim-de-semana	O fim-de-semana são dois dias: sábado e domingo.
o mês	Um mês tem quatro semanas. Os meses são: Janeiro, Fevereiro, Março, Abril, Maio, Junho, Julho, Agosto, Setembro, Outubro, Novembro, Dezembro.
o ano	Um ano tem doze meses.
hoje	Hoje é segunda-feira, 25 de Janeiro.
amanhã	Amanhã é terça.
todos os dias	Tomo o pequeno-almoço todos os dias: de segunda a domingo.

ORALIDADE 2

1. Que dia é hoje?

_____ .

2. Que dia é amanhã?

_____ .

3. Quantos são hoje?

_____ .

4. Quantos são os dias da semana?

_____ .

5. Quais são os dias do fim-de-semana?

_____ .

6. Quantas semanas tem um mês?

_____ .

7. Em que mês estamos?

_____ .

8. Quantos meses tem um ano?

_____ .

N.B.: aquecer - eu aque**ç**o, tu aqueces...

APRESENTAÇÃO 3

Presente do indicativo

haver

forma impessoal: **há**

ORALIDADE 3

1. Há queijo e fiambre no frigorífico.
2. Hoje **há** um bom filme na televisão.
3. Hoje **há** bifes com batatas fritas para o almoço.
4. Amanhã **há** bacalhau no forno para o jantar.
5. – Ainda **há** torradas?
   – Só **há** uma.

APRESENTAÇÃO 4

Presente do indicativo regulares em **-er**		
(eu)	aprend	**o**
(tu)	beb	**es**
(você, ele, ela)	com	**e**
(nós)	escrev	**emos**
(vocês, eles, elas)	viv	**em**

ORALIDADE 4 🔘41

1. Nós **comemos** pão ao pequeno-almoço: eu **como** pão com manteiga e tu **comes** uma sandes de fiambre.
2. Nós **bebemos** leite ao lanche: eu **bebo** café com leite e tu **bebes** leite com chocolate.
3. Nós **corremos** todos os dias: eu **corro** de manhãzinha e tu **corres** à tardinha.
4. Ele **escreve** histórias para crianças.
5. Vocês **vivem** em Coimbra.
6. Eles **aprendem** com facilidade.
7. Nós **compreendemos** o exercício.
8. Eu **conheço** a amiga da Joana, a Ângela Simba.
9. Eu **aqueço** o meu leite todas as manhãs.
10. Eu **desço** esta rua todos os dias para apanhar o autocarro.

ORALIDADE 5 🔘42

1. – Conheces a amiga da Joana?
   – _____ . É a Ângela.

2. – O que é que vocês tomam ao pequeno-almoço?
   – _____ torradas e _____ chá.

3. – E o Luís?
   – _____ cereais e _____ um copo de sumo de laranja.

4. – Os avós do Diogo vivem em Lisboa?
   – Não, _____ em Goa.

5. – E a tia Júlia?
   – _____ em Aveiro.

6. – Vocês escrevem normalmente aos vossos avós?
   – Não, não _____, mas telefonamos todas as semanas.

7. – Aprendes línguas com facilidade, Joana?
   – _____ .

8. – E o Luís compreende os exercícios todos?
   – Não, não _____ .

9. – Catarina, o que é que bebes ao almoço?
   – _____ sempre água.

10. – E o teu pai?
    – Normalmente _____ vinho.

APRESENTAÇÃO 5

		Realização prolongada **estar a + infinitivo**	
(eu)	estou		
(tu)	estás		comer
(você, ele, ela)	está	a	escrever
(nós)	estamos		jogar
(vocês, eles, elas)	estão		

ORALIDADE 6 🔘43

Exemplo: A D. Ana prepara o pequeno-almoço todos os dias.
Agora _está a preparar o pequeno-almoço na cozinha_.

1. Nós estudamos português todos os dias.

Neste momento _____ .

2. Ele escreve histórias para crianças.

Agora _____ uma fábula.

3. Elas jogam ténis todos os fins-de-semana.

Hoje é sábado e _____ no clube.

4. O Sr. Viana bebe café logo de manhã.

Agora _____ .

5. Os jogadores treinam todos os dias.

Neste momento _____ no campo de futebol.

6. A Ângela vive em Angola, mas agora _____ em Portugal.

7. A Joana fala muitas línguas.

Neste momento _____ inglês com o professor.

8. O Luís gosta muito de brincar.

Agora _____ no quarto dele.

9. Eles andam de bicicleta todas as tardes.

Agora _____ no parque.

10. Ela corre todos os sábados de manhã.

Neste momento _____ no Estádio Nacional.

TEXTO 🔘44

Ao domingo, a família Viana almoça sempre fora. Neste momento estão todos juntos no restaurante, sentados à mesa. A D. Cristina gosta muito de peixe. Ela está a comer linguado grelhado com batatas cozidas. O Sr. Viana e o Diogo estão a comer arroz de marisco. A Ângela está a comer costeletas de vitela com puré de batata. O Luís geralmente come carne, mas hoje está a comer filetes de pescada com arroz de cenoura. A Joana, como não tem muita fome, está a comer meia dose de febras de porco assadas com salada de alface e tomate. Para acompanhar, os pais estão a beber vinho branco da casa, os rapazes estão a beber laranjada e as meninas água mineral sem gás.

VAMOS LÁ ESCREVER!

COMPREENSÃO

1. A família Viana almoça em casa ao domingo?

_____

2. Onde é que eles estão agora?

_____

3. O que é que a D. Cristina está a comer?

_____

4. Quem é que está a comer arroz de marisco?

_____

5. O Diogo e o Luís estão a comer febras de porco?

_____

6. Porque é que a Joana só está a comer meia dose?

_____

7. O que é que eles estão a beber?

_____

ESCRITA 1

Exemplo: Paulo / estudar / todos os dias / .
Agora / estudar / quarto dele / .

O Paulo estuda todos os dias.
Agora está a estudar no quarto dele.

1. Diogo / beber / leite / ao pequeno-almoço / .
Agora / beber / copo / leite / frio / .

_____

_____

2. D. Cristina / preparar / jantar / todos os dias / .
Agora / preparar / jantar / cozinha / .

_____

_____

3. Nós / andar / bicicleta / todas as tardes / .
Neste momento / andar / bicicleta / parque / .

_____

_____

4. Pedro / Ricardo / correr / todos os fins-de-semana / .
Agora / correr / Estádio Nacional / .

_____

_____

5. Luís / jogar / futebol / em todo o lado / .
Neste momento / jogar / futebol / jardim.

_____

_____

5

ESCRITA 2

Complete com o verbo na forma correcta:

Hoje _____ *(ser)* quarta-feira. A Joana e a Ângela _____ *(estar)* em casa porque não _____ *(ter)* aulas à tarde. A Ângela _____ *(estar)* a estudar português e a Joana está a _____ *(arranjar)* o lanche para elas. Normalmente, _____ *(comer)* pão com queijo ou fiambre e _____ *(beber)* uma chávena de café com leite. Mas hoje o lanche _____ *(ser)* diferente: também _____ *(haver)* bolo de chocolate!

SUMÁRIO

Competências comunicativas

Contar de 21 a 100		
Contrastar com	**acções habituais**	«A D. Cristina prepara o pequeno-almoço todos os dias.»
	acções a decorrer no presente	«Agora está a preparar o pequeno-almoço na cozinha.»
Descrever acções a decorrer no presente		«O Sr. Viana e o Diogo estão a comer arroz de marisco.»
Identificar	**dia da semana**	«Hoje é sábado.»
	mês	«Estamos em Janeiro.»
	data	«Hoje são 25 de Janeiro.»
Perguntar por	**dia da semana**	«Que dia é hoje?»
	mês	«Em que mês estamos?»
	data	«Quantos são hoje?»
Perguntar por **Referir**	**existências**	«Ainda há torradas?»
		«Só há uma.»

Vocabulário

Nomes, adjectivos e numerais:

Abril
Agosto
a água (mineral sem gás)
o almoço
o ano
o arroz de ⟨ marisco / cenoura
assado (adj.)
o autocarro
o bacalhau
a batata
o bife
o bolo
bom (adj.)
o café
o campo (de futebol)
a carne
a carta
cem
os cereais
o chá
a chávena
o chocolate
cinquenta
o clube
Coimbra
o copo
a costeleta (de vitela)
cozido (adj.)

a cozinha
a criança
Dezembro
diferente (adj.)
o domingo
a dose
o Estádio Nacional
o exercício
a facilidade
a fábula
a febra (de porco)
Fevereiro
o fiambre
o filete (de pescada)
o filme
o fim-de-semana
a fome
o forno
o frigorífico
frio (adj.)
frito (adj.)
grelhado (adj.)
a história
Janeiro
o jantar
o jardim
o jogador
Julho
Junho
junto (adj.)
o lanche

a laranjada
o leite
o linguado
Maio
a manhã
a manteiga
Março
meio (adj.)
o menino
o momento
Novembro
noventa
oitenta
Outubro
o ovo
o pão
o parque
o peixe
o pequeno-almoço
o presunto
pronto (adj.)
o puré (de batata)
quarenta
quarenta e um
a quarta-feira
o queijo
a quinta-feira
o rapaz
o restaurante
a rua
o sábado

a salada de ⟨ alface / tomate
a sandes
a segunda-feira
a semana
sentado (adj.)
sessenta
Setembro
setenta
a sexta-feira
o sumo (de laranja)
a tarde
a televisão
a terça-feira
a torrada
o treino
trinta
trinta e dois
trinta e três
trinta e um
o vinho
vinte e cinco
vinte e dois
vinte e quatro
vinte e três
vinte e um

Expressões:

a pé

estar ⟨ cheio de fome / pronto / sentado

ter fome

Verbos:

acompanhar
almoçar
andar (de)
apanhar
aprender

arranjar
beber
brincar
comer
compreender

conhecer
correr
descer
escrever
haver

preparar
telefonar
tomar
treinar
viver

I - Complete:

1. – _____ se chama?
   – Chamo-me Cristina Viana.

2. – _____ meses tem o ano?
   – Tem doze.

3. – _____ são estas canetas?
   – São minhas.

4. – _____ é isto?
   – É um lápis.

5. – _____ cor é a bandeira portuguesa?
   – É verde e encarnada.

6. – _____ é a Ângela?
   – É de Luanda.

7. – _____ é a profissão do Sr. Viana?
   – É bancário.

8. – _____ é a Joana?
   – É a irmã do Diogo e do Luís.

9. – _____ é que a família Viana vive?
   – Num apartamento em Lisboa.

10. – _____ são os dias do fim-de-semana?
    – Sábado e domingo.

II - Complete:

Exemplo: – O que é isto? *(bola / Luís)*
– *Isso é uma bola. Essa bola é do Luís.*

1. – O que é isso? *(caneta / professor)*

   – _____ . _____ .

2. – O que é aquilo? *(raqueta / Joana)*

   – _____ . _____ .

3. – O que é isto? *(dicionários / alunos)*

   – _____ . _____ .

4. – O que é aquilo? *(jornal / Sr. Viana)*

– _____ . _____ .

5. – O que é isto? *(cadernos / Diogo)*

– _____ . _____ .

III - Complete:

Exemplo: – Este lápis é do Sr. Viana?
– _Sim, é o lápis dele_.

1. – Estas canetas são tuas, Luís?

– _____, _____ .

2. – Essas raquetas são da Ângela e da Joana?

– _____, _____ .

3. – Este quarto é teu e do Luís, Miguel?

– _____, _____ .

4. – Aquelas revistas são minhas, Ângela?

– _____, _____ .

5. – Este dicionário é meu e da Joana, não é?

– _____, _____ .

IV - Complete com: ser; ter; estar; haver

Boa tarde. O meu nome _____ Ângela Simba. _____ uma estudante angolana, mas não

_____ em Angola. _____ em Portugal, em casa duma família. A família _____

portuguesa e _____ um apartamento em Lisboa. O Sr. e a Sra. Viana _____ três filhos:

o Diogo, a Joana e o Luís.

Nós _____ amigos e _____ juntos todos os dias. _____ aulas de manhã

e à tarde _____ normalmente no clube. Mas hoje, como _____ um bom filme na

televisão, _____ em casa.

V - Complete com preposições (com ou sem artigo):

1. A Ângela é _____ Luanda, mas agora está _____ viver _____ Lisboa.

2. Ela anda _____ mesma escola _____ Joana.

3. A escola dela fica _____ _____ _____ Correios.

4. Toma sempre o pequeno-almoço _____ casa: pão _____ manteiga e um copo
_____ leite.

5. Também gosta _____ beber um sumo _____ laranja.

VI - Descreva as figuras. O que é que eles estão a fazer?

1. _____

2. _____

3. _____

4. _____

5. _____

VII - Complete:

Chama-se...	É de...	Então é...	E fala...
Björn Borg			
Catherine Deneuve			
David Beckham			
Eros Ramazzotti			
Gerhard Berger			
Isabel Allende			
Jack Nicholson	*Estados Unidos*	*americano*	*inglês*
Justine Henin			
Luís Figo			
Maria Sharapova			
Mia Couto			
Michael Schumacher			
Pelé			
Plácido Domingo			
Roger Federer			

Unidade 6

Esqueço-me sempre do nome...

Áreas gramaticais / estruturas

Preposições de tempo:
- a, de, em, para

Conjugação pronominal reflexa:
- sentar-se

Colocação do pronome

Presente do indicativo:
- formas irregulares dos verbos em -er

Advérbios:	• cedo, nunca, quase, tarde
Indefinidos:	• alguma, nada, outros, uns
Interjeições:	• Ah!
Interrogativos:	• o quê, porquê
Locuções adverbiais:	• à noite, da noite, da tarde, em ponto

Às quatro horas da tarde, no café.

Empregado: Boa tarde. Que desejam?

Diogo: Boa tarde. Queria uma sandes mista e um galão escuro, por favor.

Ângela: Fazem batidos?

Empregado: Fazemos, sim.

Ângela: Então queria um batido de morango e um... Esqueço-me sempre do nome... Ah! Pastel de nata.

Catarina: Eu queria um rissol e uma bica.

Diogo: Olha, Catarina. Os rissóis aqui são óptimos.

Catarina: Nesse caso, pode trazer dois, se faz favor.

Joana: Têm queques?

Empregado: Temos sim e hoje estão muito bons.

Joana: Então quero um queque e um garoto claro.

Empregado: Mais alguma coisa?

Diogo: Mais nada, obrigado.

Meia hora mais tarde.

Joana: Sabem que horas são? Já é tarde. Vamos embora.

Catarina: Ainda temos de pagar.

Diogo: Por favor, a conta.

VAMOS LÁ FALAR!

APRESENTAÇÃO 1

As horas

São quatro horas.

São quatro e um quarto.

São quatro e vinte.

É quase meio-dia.

São quatro e meia.

São um quarto para as cinco.

São dez para as cinco.

É uma hora em ponto.

15 minutos = um quarto de hora
30 minutos = meia hora
60 minutos = uma hora
12:00 = meio-dia
24:00 = meia-noite

02:00 = duas (horas) **da manhã**
10:00 = dez (horas) **da manhã**
14:00 = duas (horas) **da tarde**
22:00 = dez (horas) **da noite**

6

ORALIDADE 1 🔘 46

Que horas são?

| 10:30 | 14:15 | 00:30 | 11:20 | 12:45 | 20:15 | 01:50 | 05:55 |
| 13:00 | 17:00 | 09:05 | 12:10 | 18:05 | 21:25 | 03:15 | 23:10 |

APRESENTAÇÃO 2

Preposições de tempo	Casos	
a	datas (com dia do mês)	(1)
	dias da semana (habitual)	(2)
	horas	(3)
	partes do dia	(4)
de	mês (na data)	(1)
	partes do dia	(3) (5)
	horas	(5)
em	dias da semana	(6)
	épocas festivas	(7)
	estações do ano	(8)
	meses	(9)
	datas (com «dia»)	(9)
para	horas	(10)

ORALIDADE 2 🔘 47

1. O Natal é **a** 25 **de** Dezembro.
2. **Ao(s)** domingo(s) a família Viana almoça sempre fora.
3. Tomamos o pequeno-almoço **às** sete e meia **da** manhã (07:30), almoçamos **à** uma **da** tarde (13:00) e jantamos **às** oito **da** noite (20:00).
4. **À** tarde o Sr. Viana nunca está em casa, mas **à** noite está sempre com a família.
5. **De** manhã estão na escola: têm aulas **das** nove (09:00) **ao** meio-dia (12:00).
6. **Na** sexta-feira têm uma festa em casa da Catarina.
7. **No** Natal e **na** Páscoa os avós do Diogo estão sempre em Portugal.
8. **No** Inverno chove muito.
9. A Joana e a Catarina têm exames **em** Junho, **no** dia 22.
10. As aulas **da** manhã acabam **às** dez **para** a uma (12:50).

ORALIDADE 3 🔘 48

1. _____ sábados, o Diogo e o Ricardo têm treino, mas _____ próximo sábado não, porque é feriado nacional.

2. – _____ que horas fecham as lojas?

   – Fecham _____ sete _____ tarde, _____ sábados fecham _____ uma _____ tarde e _____ domingo estão sempre fechadas.

3. As aulas começam _____ dia 12 _____ Setembro.

4. _____ Primavera a família Viana passa uma semana de férias no Algarve.

5. _____ dia 24 _____ Dezembro _____ noite ficam em casa e festejam o Natal com toda a família. _____ meia-noite comem bacalhau cozido e depois há presentes para todos.

APRESENTAÇÃO 3   A

Conjugação pronominal reflexa

(eu)	sento-**me**
(tu)	sentas-**te**
(você, ele, ela)	senta-**se**
(nós)	sentamos-**nos**
(vocês, eles, elas)	sentam-**se**

APRESENTAÇÃO 3   B

Colocação do pronome

Sento-	me	nesta cadeira.
Lembras-	te	do Pedro?
Também	me	sento aqui.
Como (é que)	te	chamas?
Enquanto	se	lava, canta.
Não / Nunca	nos	deitamos tarde.
Todos	se	levantam cedo.

ORALIDADE 4

Exemplo: Como *(chamar-se)* o irmão deles?
Como *se chama* o irmão deles?

1. A Ângela nunca *(lembrar-se)* do nome do bolo.

_____ .

2. Eu *(esquecer-se)* sempre de fechar a porta.

_____ .

3. Nós *(levantar-se)* sempre cedo, mas também *(deitar-se)* cedo.

_____ .

4. Todos *(lembrar-se)* bem da tia Júlia.

_____ .

5. Porque não *(sentar-se)* Luís?

_____ .

ORALIDADE 5

1. – Eu levanto-me às 07:00. E tu?
   – Eu também _____ às 07:00.

2. – Como é que se chama a mãe do Diogo?
   – _____ Cristina Viana.

3. – Vocês deitam-se muito tarde?
   – Não, _____ sempre cedo.

4. – Lembras-te a que horas é o jogo?
   – Não, não _____ .

5. – Onde é que nos sentamos?
   – Tu _____ aí e eu
   _____ aqui.

6. – Não te esqueces da pasta?
   – Não, não _____ . Está aqui.

7. – Ainda se lembram do nome do filme?
   – Não, já não _____ .

8. – Porque é que não se senta?
   – _____ já.

9. – Deitamo-nos sempre tarde. E vocês?
   – Só _____ tarde ao fim-de-semana.

10. – Vocês levantam-se cedo?
   – Nós todos _____ cedo.

APRESENTAÇÃO 4

Presente do indicativo
irregulares em **-er**

	eu	tu	você, ele, ela	nós	vocês, eles, elas
dizer	**digo**	dizes	**diz**	dizemos	dizem
fazer	**faço**	fazes	**faz**	fazemos	fazem
perder	**perco**	perdes	perde	perdemos	perdem
poder	**posso**	podes	pode	podemos	podem
querer	quero	queres	**quer**	queremos	querem
saber	**sei**	sabes	sabe	sabemos	sabem
trazer	**trago**	trazes	**traz**	trazemos	trazem

ORALIDADE 6 🔘 51

1. – Ó Diogo! O que é que tu dizes para agradecer?
   – Eu _____ «muito obrigado», mas a Joana _____ «muito obrigada».
2. – Eu e a Catarina fazemos anos em Janeiro: eu _____ anos no dia 10 e ela
   _____ anos a 25.
3. – Ó Joana! Podes estar no café às três?
   – Hoje às três não _____ .
4. – O que é que querem no Natal?
   – Eu quero uma mota e o Luís _____ uma bicicleta nova.
5. – Sabes onde está o meu dicionário?
   – Não, não _____ .
6. – O que é que trazem aí, mãe?
   – (Eu) _____ bolinhos para a festa e o teu pai _____ a prenda.
7. – É tarde. Ainda perdes o autocarro.
   – Não, não _____ . A paragem é já aqui.

🔘 52 **TEXTO**

Hoje há festa em casa da Catarina. A irmã dela faz anos e está muito contente.

Às cinco da tarde começam a chegar os convidados.

Raquel: Parabéns, Teresa. Já sei que tens uma aparelhagem nova.

João: Muitos parabéns. Então, quantos anos fazes?

Teresa: Vinte. Já estou velha!

Mãe: Ora! Ainda és muito nova para dizeres isso.

Diogo: Parabéns, Teresa. Ainda não conheces a Ângela, pois não?

Ângela: Muito prazer e os meus parabéns.

Mãe: Bom, agora que já se conhecem todos podemos passar para o jardim.

Como o tempo está bom, resolvem fazer a festa lá fora. Enquanto a mãe traz as bebidas, a Teresa liga a aparelhagem: uns dançam e outros sentam-se na relva a conversar.

VAMOS LÁ ESCREVER!

COMPREENSÃO

1. Quem faz anos hoje?

_____

2. A que horas é que os convidados começam a chegar?

_____

3. Quantos anos faz a Teresa?

_____

4. Onde é que eles fazem a festa? Porquê?

_____

5. Os amigos da Teresa estão de pé ou sentados? A fazer o quê?

_____

ESCRITA 1

Exemplo: mãe / estar de pé / jardim/.
A mãe está de pé no jardim.

1. Teresa / estar / contente / porque / hoje / fazer anos / .

_____

2. ele / trazer / CDs / novo / para / festa / .

_____

3. eles / resolver / fazer / festa / jardim / .

_____

4. amigos / Teresa / estar sentado / relva / conversar / .

_____

5. sexta-feira / todos / deitar-se / mais tarde / .

_____

ESCRITA 2

Exemplo: A irmã da Catarina chama-se Teresa.
Como se chama a irmã da Catarina?

1. <u>No dia 12 de Fevereiro</u> o Paulo faz <u>19</u> anos.
           a)   b)

a) _____ ?

b) _____ ?

2. Eles estão sentados <u>no café</u> <u>a lanchar</u>.
        c)   d)

c) _____ ?

d) _____ ?

3. A Ângela levanta-se <u>às 07:00</u>, <u>porque tem aulas às 08:30</u>.
        e)   f)

e) _____ ?

f) _____ ?

4. <u>O Sr. Viana e a D. Cristina</u> têm um carro <u>branco</u>.
       g)   h)

g) _____ ?

h) _____ ?

5. O quarto <u>da Ângela</u> é <u>grande</u>.
      i)   j)

i) _____ ?

j) _____ ?

SUMÁRIO

Competências comunicativas	
Chamar a atenção	«Olha, Catarina.»
Contrastar «ser» e «estar»	«Os rissóis aqui são óptimos.»
	«(...) hoje estão muito bons.»
	«Já estou velha!»
	«Ainda és muito nova (...)»
Expressar desejos	«Queria (...)»
	«Quero (...)»
Falar da localização no tempo	«De manhã estão na escola: têm aulas das nove (09:00) ao meio-dia (12:00).»
Felicitar	«Parabéns.»
	«Muitos parabéns.»
Perguntar — **a idade** **Dizer**	«Quantos anos fazes?»
	«(Faço) vinte (anos).»
Perguntar o que deseja	«Que deseja?»
Reforçar delicadamente a solicitação	«Por favor, (...)»
	«(...), por favor.»
	«(...), se faz favor.»

Vocabulário

Nomes e adjectivos:

o	Algarve		escuro (adj.)	a	meia-noite	a	prenda
a	aparelhagem	a	estação (do ano)	o	meio-dia	o	presente
o	batido (de morango)	o	exame	o	minuto	a	Primavera
a	bebida	o	feriado		misto (adj.)		próximo (adj.)
a	bica	as	férias	a	mota	o	quarto de hora
o	caso	a	festa	o	Natal	o	queque
o	CD		festivo (adj.)		novo (adj.)	a	relva
	claro (adj.)	o	galão		óptimo (adj.)	o	rissol
a	coisa	o	garoto	os	parabéns		tarde (adj.)
a	conta	a	hora	a	paragem	o	tempo
	contente (adj.)	o	Inverno	a	parte		velho (adj.)
o	convidado	o	jardim	a	Páscoa		
a	data	o	jogo	o	pastel de nata		
a	época	a	loja	a	porta		

Expressões:

... em ponto.	Muitos parabéns.	Por favor...	ser tarde
estar de pé	Olha...	Que desejam?	Vamos embora.
fazer anos	Os meus parabéns.	queria...	
Muito obrigado.	Parabéns.	... se faz favor.	

Verbos:

acabar	dançar	jantar	perder
agradecer	deitar-se	lanchar	poder
chegar	desejar	lavar-se	querer
chover	dizer	lembrar-se (de)	resolver
começar (a)	esquecer-se (de)	levantar-se	saber
conhecer	fazer	ligar	sentar-se
conhecer-se	fechar	pagar	ter de
conversar	festejar	passar	trazer

Unidade 7

Sei lá! Não consigo decidir-me...

Áreas gramaticais / estruturas

Cardinais:
- 101 a 1 000 000

Ordinais:
- 1.º a 20.º

Presente do Indicativo:
- regulares em – ir (3.ª conjugação)
- ver, ler

Pronomes pessoais complemento indirecto:
- me, te, lhe

Advérbios:	antes, bastante, raramente, realmente
Conjunções:	quando, que, se
Indefinidos:	ambas, nada, nenhum
Interrogativos:	a quem, quando, quanto
Locuções adverbiais:	ao fundo, ao longe, às vezes, com certeza, por exemplo
Locuções conjuncionais:	no entanto
Locuções prepositivas:	ao contrário de
Relativos:	que

Ângela: Em que piso é a roupa jovem?

Joana: Acho que é no 1º piso.

Ângela: Então vamos lá. Quero ver camisolas.

....

Ângela: Gostas desta?

Joana: Gosto, mas essa é muito grande. O teu tamanho deve ser o médio.

Ângela: Hum! Gosto bastante deste modelo. Há noutras cores?

Joana: Olha ali. Há em cinzento e encarnado.

Ângela: Acho que é melhor vestir as duas para ver como me ficam.

Joana: O gabinete de provas é ali ao fundo.

....

Joana: Então? De qual gostas mais? Ficam-te muito bem as duas.

Ângela: Sei lá! Não consigo decidir-me... Bom. Acho que prefiro esta. Qual é o preço?

Joana: Vejo já na etiqueta. Vinte e quatro euros e noventa cêntimos.

Ângela: Pago na caixa, não é?

Joana: Sim, claro. E recebes o talão.

VAMOS LÁ FALAR!

APRESENTAÇÃO 1   A

Cardinais

101 – **cento e um**	
102 – **cento e dois**	
…	
200 – **duzentos**	1000 – **mil**
201 – **duzentos e um**	1001 – **mil e um**
…	…
300 – **trezentos**	2000 – **dois mil**
400 – **quatrocentos**	2001 – **dois mil e um**
500 – **quinhentos**	…
600 – **seiscentos**	3000 – **três mil**
700 – **setecentos**	4000 – **quatro mil**
800 – **oitocentos**	…
900 – **novecentos**	1 000 000 – **um milhão**

7

Dinheiro

Moedas

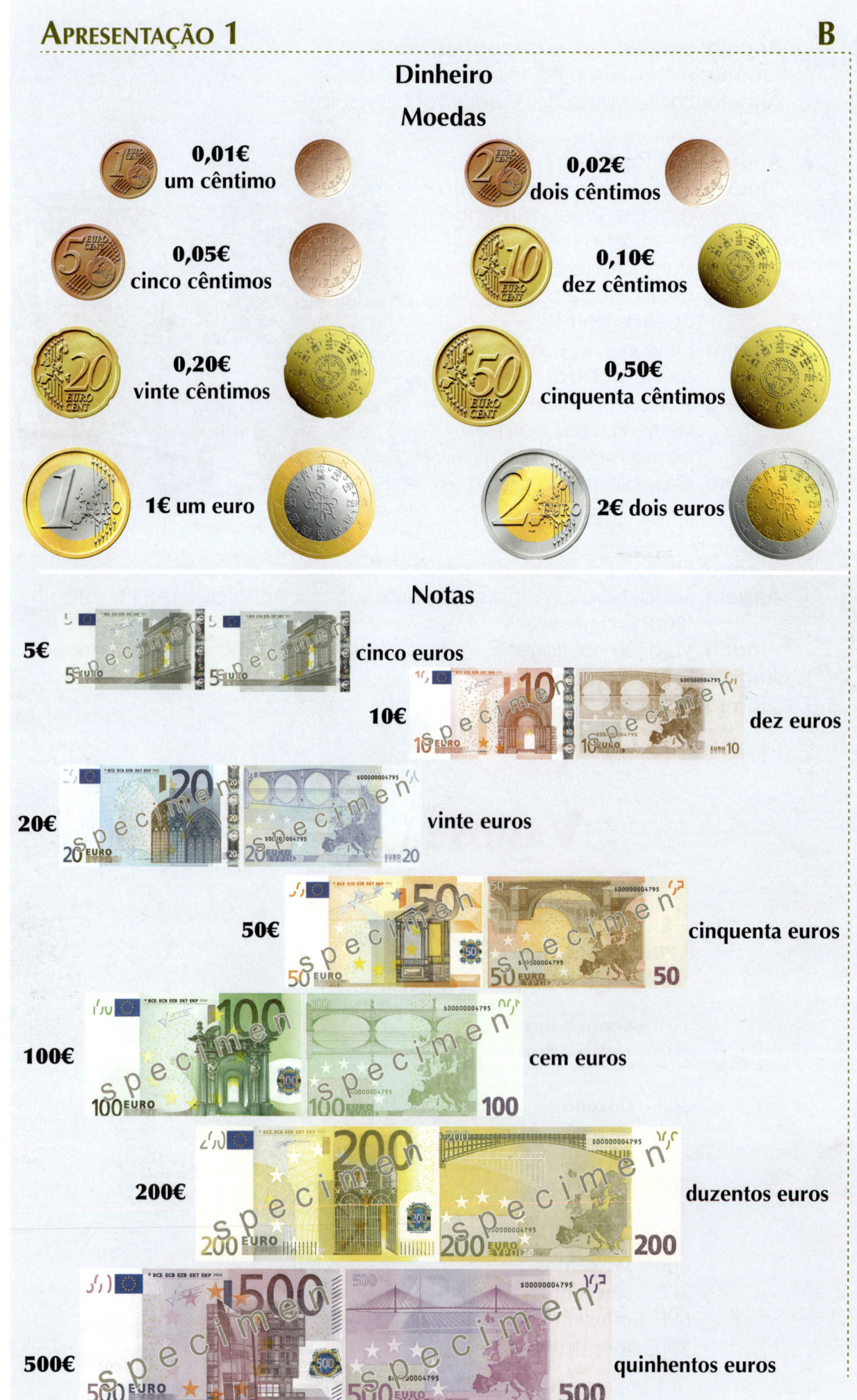

0,01€
um cêntimo

0,02€
dois cêntimos

0,05€
cinco cêntimos

0,10€
dez cêntimos

0,20€
vinte cêntimos

0,50€
cinquenta cêntimos

1€ um euro

2€ dois euros

Notas

5€   cinco euros

10€   dez euros

20€   vinte euros

50€   cinquenta euros

100€   cem euros

200€   duzentos euros

500€   quinhentos euros

ORALIDADE 1

1.
 Qual é o preço das calças?

_____ .

 E da camisa aos quadrados?

_____ .

14,90€

36,90€

2.
Quanto é?

_____ .

Pastelaria

Café: 0,55€
Bolo: 0,70€
Água mineral: 0,80€

TOTAL: 2,05€

3.
Quanto custa o vestido?

_____ .

87,50€

4.
Qual é o preço dos ténis?

_____ .

E das meias?

_____ .

54,90€

5.
Qual é o preço da saia às riscas?

_____ .

E do casaco?

_____ .

5,75€

29,90€

120,00€

6.
Quanto custa um selo para a Europa?

_____ .

APRESENTAÇÃO 2

Ordinais

1.º - **primeiro**	9.º - **nono**
2.º - **segundo**	10.º - **décimo**
3.º - **terceiro**	11.º - **décimo primeiro**
4.º - **quarto**	12.º - **décimo segundo**
5.º - **quinto**	.
6.º - **sexto**	.
7.º - **sétimo**	.
8.º - **oitavo**	20.º - **vigésimo**

ORALIDADE 2

1. Novembro é o **11.º** mês e Dezembro é o **12.º** mês do ano.
2. O edifício dos Correios tem vinte andares: do **17.º** ao **20.º** são os Serviços Administrativos.
3. Nós moramos no **5.º** andar dum prédio antigo e o Ricardo mora no **9.º** dum prédio novo.
4. Qual é a **2.ª** refeição do dia?
5. O Sr. Viana faz férias nas três **1.ªs** semanas de Agosto.

APRESENTAÇÃO 3

Presente do indicativo regulares em **-ir**

(eu)	abr	**o**
(tu)	decid	**es**
(você, ele, ela)	divid	**e**
(nós)	part	**imos**
(vocês, eles, elas)	prefer	**em**

N.B.: conseguir - eu cons**i**go, tu consegues…
dirigir-se - eu diri**j**o-me, tu diriges-te…
preferir - eu pref**i**ro, tu preferes…

ORALIDADE 3

1. – Quando é que vocês abrem as prendas?

– _____ já.

2. – Qual é que preferes? A cinzenta ou encarnada?

– _____ a encarnada.

3. – Ó Ângela, quando é que partes para Angola?

– _____ no fim do mês, mas os meus pais _____ antes.

4. – Consegues estudar com barulho?

– Não, não _____ .

5. – Já não vestes esta camisa, Joana?

– Não, já não _____ .

6. – Não despes o casaco, Ricardo?

– Claro! _____ já.

7. – Então, vocês não se servem do doce?

– _____ já.

8. – Porque é que não decidem agora?

– Agora, não. _____ mais tarde.

9. – Vocês ainda partem o vidro com a bola!

– Não _____ nada!

10. – Tens de dividir o bolo com os teus irmãos, Luís.

– Está bem. _____ em três.

APRESENTAÇÃO 4

	Presente do indicativo	
	__ver__	__ler__
(eu)	**vejo**	**leio**
(tu)	**vês**	**lês**
(você, ele, ela)	**vê**	**lê**
(nós)	**vemos**	**lemos**
(vocês, eles, elas)	**vêem**	**lêem**

ORALIDADE 4 57

1. Eu vejo
2. Tu vês
3. Você vê
4. Ele vê
5. Ela vê
6. Nós vemos
7. Vocês vêem
8. Eles vêem
9. Elas vêem

ORALIDADE 5 58

1. Eu leio
2. Tu lês
3. Você lê
4. Ele lê
5. Ela lê
6. Nós lemos
7. Vocês lêem
8. Eles lêem
9. Elas lêem

ORALIDADE 6 59

1. – Vocês _____ televisão

– Eu _____, mas o meu marido normalmente não _____ .

2. – E _____ o jornal?

– Eu raramente _____, mas o Sr. Viana _____ sempre um semanário aos sábados.

3. – _____ bem as legendas, Ângela?

– _____, mas às vezes não percebo.

4. – O senhor _____ bem ao longe?

– Sim, _____ muito bem.

5. – Quem é que _____ esta revista?

– _____ eles. Eu nunca _____, não tem interesse nenhum.

APRESENTAÇÃO 5

	Pronomes pessoais complemento indirecto
(eu)	**me**
(tu)	**te**
(você)	
(o senhor)	
(a senhora)	**lhe**
(ele)	
(ela)	

ORALIDADE 7

1. – Gosto muito da tua camisola nova, Ângela. Fica-_____ muito bem.

– Também acho. Este tom fica-_____ bem.

2. – O que é que _____ apetece fazer, Pedro?

– Apetece-_____ beber uma coisa fresca.

3. – A quem é que estás a escrever?

– À minha irmã. Escrevo-_____ todos os meses.

4. – Pode dizer-_____ quanto custa esse vestido, por favor?

– Só um momento. Digo-_____ já.

5. – Posso fazer-_____ uma pergunta, Sr. Viana?

– Com certeza!

TEXTO

A D. Cristina gosta de seguir a moda. Não o último grito da moda – esse é mais apropriado para os jovens, como a Sofia, por exemplo – mas digamos que gosta de se vestir bem. Para isso, compra todos os meses revistas que lê e vê atentamente. É o que está a fazer neste momento com uma amiga.

D. Laura: O que é que achas deste vestido, Cristina?

D. Cristina: Hum! Não sei. Não é muito o meu género. Parece-me que prefiro esse: é mais simples e mais prático.

D. Laura: Realmente é. E estas calças?... Não. Acho que não me ficam bem. São muito largas e eu agora estou mais gorda.

D. Cristina: Olha esta saia! Esta sim: é bonita, moderna e fica-me bem, com certeza.

A D. Cristina é uma mulher alta, magra e loura, ao contrário da amiga que é mais baixa, um pouco mais forte e morena. No entanto ambas se interessam por roupa e gostam de trocar impressões.

VAMOS LÁ ESCREVER!

COMPREENSÃO

1. Quem é que gosta de seguir a moda? Porquê?

_____

2. Com quem é que a D. Cristina está a ver a revista?

_____

3. De que é que estão a falar?

_____

4. Que género de roupa é que a D. Cristina prefere?

_____

5. Como é a D. Cristina? E a amiga?

_____

ESCRITA 1

1. *O Diogo está sentado numa cadeira. Ele está vestido com uma T-shirt roxa, calças de ganga azuis e tem uns ténis cinzentos. O Diogo é alto, magro e moreno.*

2. _____

_____

_____

_____

3. _____

_____

_____

_____

4. _____

_____

_____

_____

5. _____

_____

_____

_____

SUMÁRIO

Competências comunicativas

Contar de 101 a 1 000 000

Expressar	**agrado**	«Gosto bastante deste modelo.»
	desagrado	«Não é muito o meu género.»
Expressar indecisão		«Sei lá! Não consigo decidir-me…»
Expressar preferência		«Acho que prefiro esta.»
Indicar ordem numérica		«Qual é a 2ª refeição do dia?»
Pedir	**a descrição física**	«Como é a D. Cristina?»
Fazer		«A D. Cristina é uma mulher alta, magra e loura (…)»
Pedir	**a opinião**	«O que é que achas deste vestido, Cristina?»
Dar		«Ficam-te muito bem as duas.» «Acho que não me ficam bem.»
Perguntar	**o preço**	«Qual é o preço das calças?» / «Quanto é?» «Quanto custa o selo?»
Dizer		«São 36,90€.» «Custa 0,61€.»
Responder a um agradecimento		«De nada.»

Vocabulário

Nomes, adjectivos e numerais:

alto (adj.)
o andar
antigo (adj.)
apropriado (adj.)
baixo (adj.)
o barulho
bonito (adj.)
a caixa
as calças (de ganga)
a camisa
a camisola
o casaco
o cêntimo
cento e dois
cento e um
décimo (10.º)
décimo primeiro (11.º)
décimo segundo (12.º)
o doce
dois mil
dois mil e um
duzentos
duzentos e um
o edifício

a etiqueta
o euro
a Europa
o fim
forte (adj.)
fresco (adj.)
o género
gordo (adj.)
o grito
a impressão
o interesse
o jovem
a legenda
louro (adj.)
magro (adj.)
médio (adj.)
as meias
mil
mil e um
o milhão
a moda
o modelo
moderno (adj.)
moreno (adj.)

a mulher
nono (9.º)
novecentos
oitavo (8.º)
oitocentos
a pergunta
o piso
prático (adj.)
o preço
o prédio
primeiro (1.º)
o(s) provador(es)
o quadrado
quarto (4.º)
quatro mil
quatrocentos
quinhentos
quinto (5.º)
a refeição
a risca
a roupa
a saia
o sapato
segundo (2.º)

seiscentos
o selo
o semanário
o serviço
(administrativo)
setecentos
sétimo (7.º)
sexto (6.º)
simples (adj.)
o talão
o tamanho
os ténis
terceiro (3.º)
o tom
o total
três mil
trezentos
último (adj.)
o vestido
vestido (adj.)
vigésimo (20.º)
o vidro

Expressões:

Com certeza.
…digamos…

É melhor.
Está bem.
Estar vestido

favor (de)
fazer ⟨férias
uma pergunta

o último grito
Sei lá!
trocar impressões

Verbos:

abrir
achar (de)
apetecer
comprar
conseguir
custar
decidir

decidir-se
despir
dever
dividir
experimentar
importar-se (de)
interessar-se (por)

ler
levantar
mostrar
parecer
partir
perceber
preferir

receber
seguir
servir-se (de)
ver
vestir
vestir-se

Unidade 8

(...) o filme já vai começar.

Áreas gramaticais / Estruturas

Presente do indicativo:
- ir, vir, formas irregulares dos verbos em -ir, verbos em -air

Conjugação perifrástica:
- ir + infinitivo

Graus dos adjectivos e advérbios:
- comparativo de superioridade, superlativo absoluto sintético

Advérbios:	• assim, cá, completamente, depois, depressa, especialmente, logo, mesmo, primeiro
Conjunções:	• portanto
Indefinidos:	• alguns, imensa, muita, outra(s), outro, tudo
Interjeições:	• ufa!
Locuções conjuncionais:	• mais... do que
Locuções prepositivas:	• depois de
Preposições:	• até, por

8

62

Ângela: E agora? Como é que eu saio daqui? Desculpe. Podia dizer-me onde fica o Cinema Londres, por favor? Estou completamente perdida.

Transeunte: Olhe, vai até ao fim desta rua e corta à esquerda. Depois vai sempre em frente, pelo passeio do lado direito, e vê logo o Cinema Londres, mesmo ao lado duma perfumaria.

Ângela: Muito obrigada.

Transeunte: De nada.

....

Ricardo: A Ângela nunca mais vem! Estou farto de esperar.

Miguel: Olha a Ângela! E vem a correr. Coitada! Até que enfim, Ângela!

Ângela: Ai, ufa! Estou cansadíssima. Peço imensa desculpa, mas perco-me sempre em Lisboa.

Joana: Não faz mal. Vamos mas é entrar, que o filme já vai começar.

Miguel: Vamos! Só faltam três minutos.

Vamos lá falar!

Apresentação 1　　　　A

	Presente do indicativo _ir_
(eu)	**vou**
(tu)	**vais**
(você, ele, ela)	**vai**
(nós)	**vamos**
(vocês, eles, elas)	**vão**

Apresentação 1　　　　B

	Presente do indicativo _vir_
(eu)	**venho**
(tu)	**vens**
(você, ele, ela)	**vem**
(nós)	**vimos**
(vocês, eles, elas)	**vêm**

Oralidade 1
63

1. Eu vou
2. Tu vais
3. Você vai
4. Ele vai
5. Ela vai
6. Nós vamos
7. Vocês vão
8. Eles vão
9. Elas vão

Oralidade 2
64

1. Eu venho
2. Tu vens
3. Você vem
4. Ele vem
5. Ela vem
6. Nós vimos
7. Vocês vêm
8. Eles vêm
9. Elas vêm

Oralidade 3
65

1. Os pais dela _____ _(vir)_ cá no próximo mês. Ficam quinze dias e depois _____ _(ir)_ outra vez para Angola.

2. – A que horas _____ *(vir)* da escola, Luís?

– _____ *(vir)* à uma hora e depois _____ *(ir)* para o treino.

3. – Os tios _____ *(vir)* cá no Natal?

– A tia Júlia e os miúdos _____ *(vir)*, mas o tio António não _____ *(vir)*:

_____ *(ir)* para Macau nessa altura.

4. – Mãe, nós _____ *(ir)* ao cinema e portanto _____ *(vir)* mais tarde para casa.

– Está bem.

5. – Ó Catarina! Também _____ *(vir)* ao concerto?

– Claro que _____ *(ir)*.

– Então _____ *(ir)* todos juntos.

APRESENTAÇÃO 2   A

**Presente do indicativo
formas irregulares**

em -ir	(eu)
dormir	**durmo**
ouvir	**ouço / oiço**
pedir	**peço**

APRESENTAÇÃO 2   B

**Presente do indicativo
Verbos em -air**

	ca(ir) sa(ir)	
(eu)		**io**
(tu)		**is**
(você, ele, ela)	ca(ir) sa(ir)	**i**
(nós)		**ímos**
(vocês, eles, elas)		**em**

ORALIDADE 4 (66)

1. – Então, Ângela? Já é tardíssimo.

– _____ imensa desculpa pelo atraso.

2. – Dormes bem no teu quarto novo?

– _____ como uma pedra. Nunca _____ barulho nenhum.

3. – Nós ouvimos o noticiário todas as manhãs. E tu?

– Eu não. Eu _____ música.

4. – Cuidado! Vocês ainda _____ daí.

– Não _____ nada.

5. – Saem hoje à noite?

– Eu _____, mas a Joana não _____, porque tem de estudar.

APRESENTAÇÃO 3

	Futuro próximo ir + infinitivo	
(eu)	**vou**	
(tu)	**vais**	**começar**
(você, ele, ela)	**vai**	**partir**
(nós)	**vamos**	**ter**
(vocês, eles, elas)	**vão**	

ORALIDADE 5 · 67

Exemplo: Vocês / fazer / logo à noite
jantar fora

– *O que é que vocês vão fazer logo à noite?*
– *Vamos jantar fora.*

1. Luís / fazer / depois das aulas   – _____ ?
treinar   – _____ .

2. Tu / fazer / logo à tarde   – _____ ?
estudar português   – _____ .

3. Nós / fazer / depois do almoço   – _____ ?
fazer compras   – _____ .

4. O senhor / fazer / amanhã de manhã   – _____ ?
lavar o carro   – _____ .

5. A senhora / fazer / hoje à noite   – _____ ?
ver televisão   – _____ .

APRESENTAÇÃO 4   A

Graus dos adjectivos e advérbios

Normal	Comparativo de superioridade	
alto		alto
cedo		cedo
depressa	**mais**	depressa
gordo		gordo
pequeno		pequeno
		(do que…)
bom	**melhor**	
grande	**maior**	
mau	**pior**	

APRESENTAÇÃO 4   B

Graus dos adjectivos e advérbios

Normal	Superlativo absoluto sintético
cansad(ø)	
car(ø)	
ced(ø)	**+ -íssimo**
tard(e)	
trist(e)	
bom	**óptimo**
mau	**péssimo**

N.B.: difícil – **dificílimo**; fácil – **facílimo**

8

ORALIDADE 6 💿
68

Exemplo: O mês de Novembro é mais frio do que o mês de Junho.
O mês de Junho *é mais quente do que o mês de Novembro*.

1. A D. Cristina é mais magra do que a D. Laura.

A D. Laura _____ .

2. A caixa azul é mais pequena do que a caixa preta.

A caixa preta _____ .

3. O filme é pior do que o romance.

O romance _____ .

4. O Diogo é mais alto do que a Joana.

A Joana _____ .

5. Às 2.ᵃˢ feiras as aulas começam mais tarde do que às 6ᵃˢ feiras.

Às 6.ᵃˢ feiras _____ .

ORALIDADE 7 💿
69

Exemplo: livro / caro // barato
Este livro é caríssimo. Não tem outro mais barato?

1. pasta / velho // novo _____ . _____ ?

2. meias / curto // comprido _____ . _____ ?

3. carne / duro // tenro _____ . _____ ?

4. sala / escuro // claro _____ . _____ ?

5. mala / pesada // leve _____ . _____ ?

6. vinho / forte // suave _____ . _____ ?

7. texto / difícil // fácil _____ . _____ ?

APRESENTAÇÃO 5

Movimentações	
atravessar	a rua / a avenida / o largo
cortar virar	na Rua… / na Avenida… / no Largo à esquerda / à direita
ir	em frente pela Rua… / pela Avenida… / pelo Largo por esta rua / por esta avenida / por este largo pelo passeio do lado direito / esquerdo pelo lado direito / esquerdo da rua / avenida / do largo até ao fim da Rua… / da Avenida… / do Largo…

ORALIDADE 8 🔘 70

Exemplo: atravessar / rua // cortar / direita // ir / em frente
Atravessa a rua, corta à direita e vai em frente.

1. ir / fim / avenida // virar / esquerda

_____

2. ir / passeio / lado direito // atravessar / largo

_____

3. atravessar / rua // cortar / Avenida de Roma

_____

4. ir / lado esquerdo / rua // virar / esquerda // atravessar / rua

_____

5. ir / em frente / esta avenida // cortar / segunda / direita

_____

ORALIDADE 9 🔘 71

Exemplo: Vai _por_ esta rua e corta _à_ direita.

1. Vai _____ _____ fim _____ avenida _____ lado direito _____ passeio.

2. Vira _____ esquerda _____ Rua Garrett e depois vai sempre _____ frente.

3. Corta _____ primeira _____ direita e vai _____ passeio _____ lado esquerdo.

4. Atravessa a avenida, segue sempre _____ frente _____ _____ fim _____ rua.

5. Segue _____ esta rua, vira _____ segunda _____ esquerda e depois logo _____ direita.

ORALIDADE 10 🔘 72

Exemplo: No fim da rua _corta_ à direita.

1. _____ esta avenida e _____ em frente.

2. _____ à esquerda e _____ até ao fim da rua.

3. _____ pelo passeio do lado direito e _____ na primeira à direita.

4. _____ o largo e _____ por essa avenida.

5. _____ pelo lado esquerdo da rua, _____ à esquerda e _____ sempre em frente.

Texto

O Diogo e a Joana estão a fazer planos para o fim-de-semana. Eles querem mostrar alguns locais de interesse à Ângela.

Ângela: Então aonde é que vamos amanhã?

Diogo: Eu e a Joana vamos levar-te a Sintra.

Ângela: Como é que vamos?

Diogo: Vamos de carro. Vou pedir o carro emprestado ao meu pai e vamos de manhã, bem cedinho.

Joana: Óptimo! Assim podemos almoçar lá e depois do almoço vamos dar uma volta pelo Guincho até Cascais. O que é que acham do programa?

Todos concordaram com a ideia da Joana, especialmente a Ângela que está desejosa de conhecer sítios novos e este passeio vem mesmo a calhar.

No domingo, decidem ir à Costa da Caparica e passar lá o dia. Desta vez, convidam também a Catarina e a irmã.

VAMOS LÁ ESCREVER!

COMPREENSÃO

1. O que é que o Diogo e a Joana estão a fazer? Porquê?

_____

2. Aonde é que eles vão no sábado?

_____

3. Como é que eles vão para Sintra?

_____

4. O que é que vão fazer no domingo?

_____

5. Quem é que vai com eles?

_____

ESCRITA 1

Complete com:

> achar • almoçar • chegar • conhecer • decidir • estar
> ir (4x) • levar • ouvir • sair • ser (2x) • ver

O Diogo e a Joana vão _____ a Ângela a Sintra. Como a Ângela ainda não _____

a vila, _____ que é uma óptima ideia.

No sábado de manhã _____ cedo de casa e _____ a Sintra pelas dez horas.

_____ primeiro tomar um café e comer as famosas queijadinhas.

Depois, _____ ir ao castelo. _____ a pé até lá, porque a paisagem _____

realmente bonita. A Ângela _____ tudo com muita atenção e _____ as histórias

que o Diogo lhe conta.

_____ quase uma hora e já _____ todos cheios de fome. _____ a um

pequeno restaurante e _____ lá.

À tarde _____ visitar outros locais.

ESCRITA 2   A

Você está no Campo Pequeno em frente da Praça de Touros **A** e quer ir para a Fundação Gulbenkian **B** . Vai pedir informações a um transeunte.

Você: _____ ?

Transeunte: _____

_____

_____ .

Você: _____ .

Transeunte: _____ .

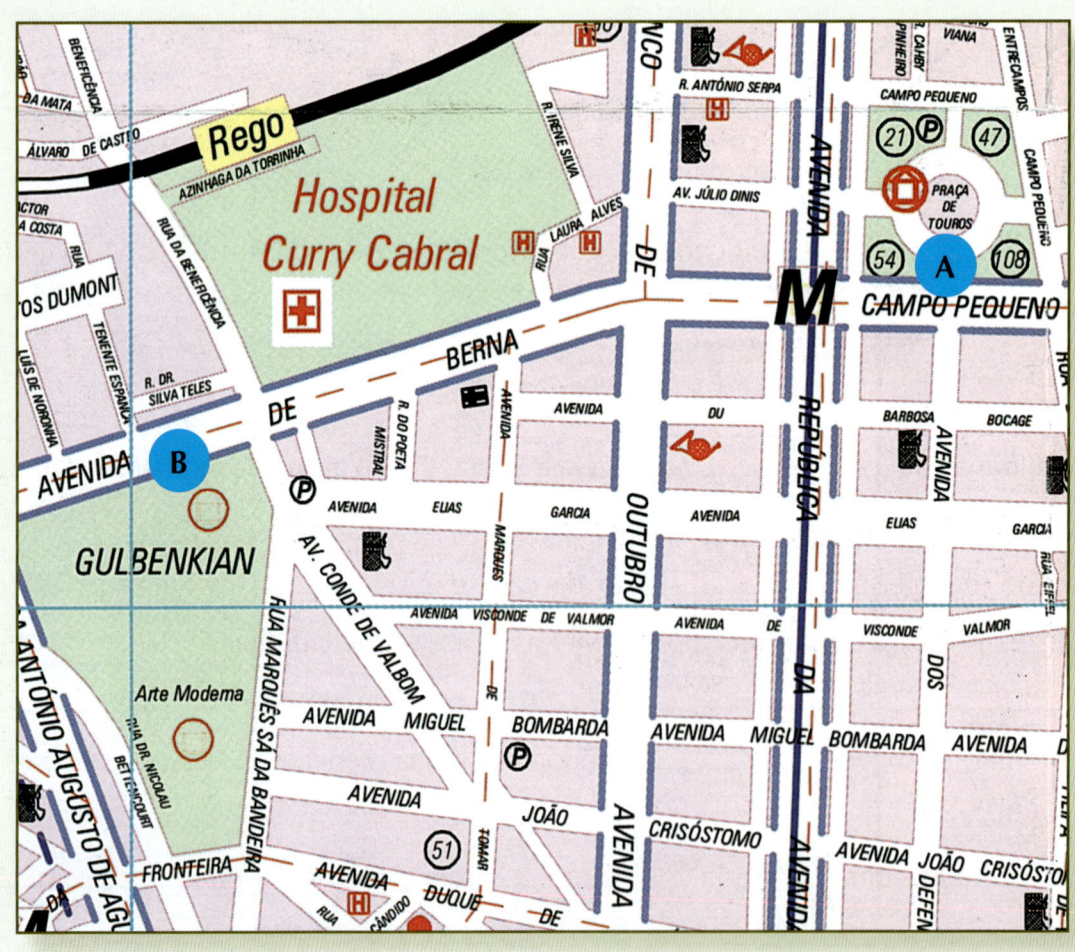

B

Agora você está na Av. João XXI **A** e quer ir para a Praça de Saldanha **B**. Como não sabe onde é, dirige-se a um polícia.

Você: _____ . _____
_____
_____
_____ ?

Polícia: _____ . _____
_____
_____
_____ .

Você: _____
_____
_____ .

Polícia: _____
_____ .

C

Hoje você quer ir para a Av. dos Estados Unidos da América **B**. Está na Praça de Londres **A** e está completamente perdido. Por isso pergunta o caminho a um transeunte.

Você: _____ . _____
_____
_____
_____ ?

Transeunte: _____ . _____
_____
_____
_____ .

Você: _____
_____
_____ .

Transeunte: _____
_____ .

SUMÁRIO

Competências comunicativas

Avisar alguém		«Cuidado!»
Dar ênfase		«Vamos mas é entrar…»
Expressar impaciência		«Estou farto de esperar.»
Expressar pena		«Coitada!»
Expressar satisfação		«Óptimo!»
Fazer comparações		«O Diogo é mais alto do que a Joana.»
Fazer planos		«Vamos dar uma volta pelo Guincho…»
Pedir desculpa		«Peço imensa desculpa pelo atraso…»
Aceitar desculpas		«Não faz mal.»
Perguntar	onde fica	«Podia dizer-me onde fica o Cinema Londres, por favor?»
Dizer		«Olhe, vai até ao fim desta rua e corta à esquerda.»
Responder a um agradecimento		«De nada.»

Vocabulário

Nomes e adjectivos:

a altura
a atenção
o atraso
a avenida
a Av. dos Estados Unidos da América
a Av. João XXI
   barato (adj.)
a caixa
o caminho
o Campo Pequeno
   cansado (adj.)
   caro (adj.)
   Cascais
o castelo
o cinema
   coitado (adj.)
as compras
   comprido (adj.)
o concerto
a Costa da Caparica

   curto (adj.)
   desejoso (adj.)
   difícil (adj.)
a direita
   direito (adj.)
   duro (adj.)
a esquerda
   esquerdo (adj.)
   fácil (adj.)
   famoso (adj.)
   farto (adj.)
a Fundação Gulbenkian
o Guincho
a história
a ideia
a informação
o lado
o largo
   leve (adj.)
o local

   Macau
   maior (adj.)
a mala
   mau (adj.)
   melhor (adj.)
o miúdo
a música
o noticiário
a paisagem
o passeio
a pedra
   perdido (adj.)
   pesado (adj.)
   péssimo (adj.)
   pior (adj.)
o plano
o polícia
a Praça < de Londres / de Touros / do Saldanha
o programa

a queijadinha
   quente (adj.)
o romance
a rua
   Sintra
o sítio
a situação
   suave (adj.)
   tenro (adj.)
o texto
o transeunte
   triste (adj.)
a vez
a vila
a volta

Expressões:

a pé
Até que enfim!
Coitado!
Cuidado!
dar uma volta (por)

de nada
dormir como uma pedra
estar < desejoso (de) / farto (de) / perdido

fazer compras
logo à tarde
... mas é ...
Não faz mal.
Olhe, ...

Óptimo!
pedir < desculpa / emprestado
Podia...
vir a calhar

Verbos:

atravessar
cair
concordar (com)
contar
convidar
cortar

dirigir-se (a)
dormir
entrar
esperar
faltar
ir

lavar
ouvir
pedir
perder-se
perguntar
sair

ter
trabalhar
vir
virar
visitar

Unidade 9

Vê lá em cima da mesa da cozinha.

Áreas gramaticais / Estruturas

Presente do indicativo:
- dar, pôr

Indefinidos variáveis:
- algum, alguma(s), alguns, nenhum, nenhuma(s), nenhuns, muito(s), muita(s), pouco(s), pouca(s), todo(s), toda(s), outro(s), outra(s)

Indefinidos invariáveis:
- alguém, ninguém, tudo, nada

Advérbios:
- ainda, já

Imperativo (forma afirmativa):
- regulares

Interjeições:
- pronto!

Locuções adverbiais:
- em seguida

Locuções prepositivas:
- junto a

DIÁLOGO

74

Mãe: Vá lá Joana, despacha-te!

Joana: Espere aí, mãe! Não encontro a lista das compras.

Mãe: Nunca sabes onde pões as coisas… Vê lá em cima da mesa da cozinha.

Joana: Pronto! Está aqui tudo. Onde é que vamos primeiro?

Mãe: Precisamos de ir à praça comprar peixe, legumes e fruta.

Joana: Também é preciso ir ao talho, porque já não há carne nenhuma.

Mãe: Bom, ainda há bifes, mas só dão para uma refeição.

Joana: Temos de ir à padaria e à mercearia?

Mãe: Vamos antes ao supermercado e fazemos lá o resto das compras.

Vamos lá falar!

Apresentação 1 A

	Presente do indicativo __dar__
(eu)	**dou**
(tu)	**dás**
(você, ele, ela)	**dá**
(nós)	**damos**
(vocês, eles, elas)	**dão**

Apresentação 1 B

	Presente do indicativo __pôr__
(eu)	**ponho**
(tu)	**pões**
(você, ele, ela)	**põe**
(nós)	**pomos**
(vocês, eles, elas)	**põem**

Oralidade 1 75

1. Eu dou
2. Tu dás
3. Você dá
4. Ele dá
5. Ela dá
6. Nós damos
7. Vocês dão
8. Eles dão
9. Elas dão

Oralidade 2 76

1. Eu ponho
2. Tu pões
3. Você põe
4. Ele põe
5. Ela põe
6. Nós pomos
7. Vocês põem
8. Eles põem
9. Elas põem

9

ORALIDADE 3 🔘 77

1. A D. Cristina _____ a mesa para o pequeno-almoço. *(pôr)*

2. Eles _____ uma festa no sábado para festejar os anos da Teresa. *(dar)*

3. Onde é que eu _____ as compras? *(pôr)*

4. A Ângela já não _____ muitos erros em português. *(dar)*

5. Porque é que vocês não _____ os sacos no chão? *(pôr)*

6. Sou professora e _____ aulas numa escola de línguas. *(dar)*

APRESENTAÇÃO 2   A

	Indefinidos variáveis			
	singular		plural	
	masculino	feminino	masculino	feminino
	algum	alguma	alguns	algumas
	nenhum	nenhuma	nenhuns	nenhumas
pessoas ou coisas	muito	muita	muitos	muitas
	pouco	pouca	poucos	poucas
	todo	toda	todos	todas
	outro	outra	outros	outras

APRESENTAÇÃO 2   B

	Indefinidos invariáveis	
pessoas	alguém	ninguém
coisas	tudo	nada

ORALIDADE 4 🔘 78

1. Na biblioteca da escola há **muitos** livros. Estão lá sempre **muitos** alunos a estudar.
2. Vou ao supermercado, porque há **pouco** leite. A esta hora há lá **pouca** gente a fazer compras.
3. Não gosto deste livro. Vou ler **outro**.
4. Não há **outra** pessoa para fazer este trabalho?
5. – Há **algum** exercício para corrigir?
   – Não, não há **nenhum**.
6. – Tens **algum** amigo em Faro, Ricardo?
   – Não, não tenho lá **nenhum** amigo.

7. A D. Cristina vai à praça **todas** as semanas.

8. Toda a família se reúne no Natal em casa da avó.

9. – Está **alguém** no escritório?

– Não. À noite não está lá **ninguém**.

10. – Não fazes **nada**, Luís! Tenho de fazer sempre **tudo** sozinha.

ORALIDADE 5

1. O Jorge tem pouco dinheiro, mas o pai dele tem _____ .

2. – Sabes se está alguém em casa?

– Acho que não está lá _____ .

3. – Tens aí as compras todas?

– Sim, está aqui _____ neste saco.

4. – Consegues ver alguma coisa daí?

–Não, não vejo _____ .

5. – Esta camisola fica-me grande. Não tem _____ mais pequena?

APRESENTAÇÃO 3   A

Pergunta	Resposta	
afirmativa	afirmativa (=)	negativa (≠)
Ainda… ?	Sim, **ainda**…	Não, **já não**…
Já… ?	Sim, **já**…	Não, **ainda não**…

APRESENTAÇÃO 3   B

Pergunta	Resposta	
negativa	negativa (=)	afirmativa (≠)
Ainda não… ?	Não, **ainda não**…	Sim, **já**…
Já não… ?	Não, **já não**…	Sim, **ainda**…

ORALIDADE 6

1. – **Ainda** há pão?

– Sim, **ainda** há algum. // Não, **já não** há nenhum.

2. – **Já** falas bem português?

– Sim, **já** falo alguma coisa. // Não, **ainda não** falo muito bem.

3. – **Ainda não** conheces a Ana?

– Não, **ainda não** conheço. // Sim, **já** conheço.

4. – **Já não** há fruta?

– Não, **já não** há nenhuma // Sim, **ainda** há alguma.

ORALIDADE 7

Exemplo: – Ainda há leite no frigorífico?

– Não, _já_ não há nenhum.

1. – Ainda está alguém na casa de banho?

– Não, _____ não está lá ninguém.

2. – Já consegues ler as legendas todas?

– Sim, _____ consigo ler tudo.

3. – Já sabes bem a lição?

– Não, _____ não sei muito bem.

4. – Ainda não sabes as notas?

– Não, _____ não sei.

5. – Ainda há maçãs?

– Não, _____ não há nenhumas.

6. – Já não temos café?

– Sim, _____ temos algum.

7. – Ainda há bananas?

– Sim, _____ há algumas.

8. – Ainda não conhecem a Teresa?

– Sim, _____ conhecemos.

9 APRESENTAÇÃO 4

A

Imperativo - forma afirmativa
Verbos em -ar

Presente do indicativo	singular		plural
	formal	informal	formal e informal
(eu) fal(ø)	Fale!		
(ele) fala		Fala!	Falem!

B

Imperativo - forma afirmativa
Verbos em -er / -ir

Presente do indicativo	singular		plural
	formal	informal	formal e informal
(eu) com(ø)	Coma!		
(eu) abr(ø)	Abra!		Comam!
(ele) come		Come!	Abram!
(ele) abre		Abre!	

ORALIDADE 8 (82)

Exemplo: – Está aqui muito calor.
abrir / janela
– *Abre a janela*.

1. – Estamos cheios de sede.
beber / sumo de laranja
– _____ .

2. – Tenho frio.
vestir / casaco, mãe
– _____ .

3. – Estou cheia de fome.
comer / fatia de bolo, Joana
– _____ .

4. – Precisa de ajuda, mãe?
pôr / mesa, se fazes favor
– _____ .

5. – Onde ficam os Correios, por favor?
seguir / em frente / e / virar / à esquerda
– _____ .

6. – Posso falar-lhe?
entrar / e / fechar / porta, por favor
– _____ .

7. – Sabes onde está o meu jornal, Luís?
ver / sala, pai
– _____ .

8. – Qual é o trabalho de casa?
fazer / exercícios / página 55
– _____ .

9. – Vamos experimentar o DVD novo.
ler / primeiro / instruções
– _____ .

10. – Vou à rua. Quer alguma coisa?
trazer / pacote de leite, se não te importas
– _____ .

11. – Estou com calor.
despir / a camisola, Luís
– _____ .

12. – Vamos a uma festa.
vir / cedo, meninos
– _____ .

13. – Não sei onde fica a rua.
pedir / informações a um polícia
– _____ .

14. – Vamos ao supermercado. Queres alguma coisa?
comprar / pão e leite
– _____ .

15. – Estou cheio de sono.
ir / dormir, Luís
– _____ .

16. – Vou estudar.
desligar / a televisão, Joana

– _____ .

17. – Onde fica a farmácia?
atravessar / rua e cortar / à direita

– _____ .

18. – Precisa de alguma coisa, D. Cristina?
aquecer / jantar, por favor

– _____ .

19. – O Diogo está ao telefone, mãe.
dizer-lhe / para não chegar tarde

– _____ .

20. – Podemos sair?
ouvir / primeiro o que eu vou dizer

– _____ .

 **TEXTO**

 83

A Joana e a mãe estão na praça, junto à banca do peixe.

Peixeira: Ó freguesa, olhe para esta maravilha de pescada!
D. Cristina: A como é o quilo?
Peixeira: A 9,95€, mas é muito branquinha.
D. Cristina: Então veja lá quanto pesa essa aí.
Peixeira: Tem 1,200 kg. Vai inteira ou corto para cozer?
D. Cristina: Para cozer, mas em postas pequenas. Quanto é?
Peixeira: Faço já a conta… São 11,94€.
D. Cristina: Faz favor.
Peixeira: Aqui tem o seu troco e muito obrigada.

Em seguida, enquanto a D. Ana vai à banca dos legumes comprar dois quilos de cenouras, duas alfaces, um molho de agriões e uma couve portuguesa, a Joana dirige-se à banca da fruta e compra um quilo de pêras, um cacho de bananas e um ananás dos Açores.

9

VAMOS LÁ ESCREVER!

COMPREENSÃO

1. Onde estão a Joana e a mãe?

_____

2. O que é que vão comprar?

_____

3. Quanto custa o quilo da pescada?

_____

4. A D. Cristina leva a pescada inteira ou às postas?

_____

5. O que é que ainda precisam de comprar?

_____

ESCRITA 1

Complete os diálogos de acordo com o texto:

A

Na banca dos legumes.

D. Cristina: _____ das cenouras?

Vendedora: _____ a 0,89€ o quilo, minha senhora.

D. Cristina: Então _____ .

Vendedora: Que mais vai ser?

D. Cristina: _____ estas duas _____, um _____ e aquela _____ .

Vendedora: São 5,92€ tudo.

D. Cristina: _____ .

Vendedora: Aqui tem _____ .

B

Na banca da fruta.

Vendedora: Que deseja, menina?

Joana: _____ de pêras.

Vendedora: _____ ?

Joana: Sim. Veja lá _____ aquele cacho _____ .

Vendedora: _____ . É muito?

Joana: Não, _____ . Também _____ .

Vendedora: Mais alguma coisa?

Joana: _____ , obrigada. _____ a conta, por favor.

SUMÁRIO

Competências comunicativas

Aconselhar	«Leiam primeiro as instruções.»
Dar ênfase	«Vê lá em cima da mesa da cozinha.
Dar ordens	«Despacha-te, Joana.»
Expressar impaciência	«Vá lá!»
Fazer pedidos	«Traz-me um pacote de leite, se não te importas.»
Oferecer ajuda	«Precisa de ajuda, mãe?»
Perguntar o preço	«A como é o quilo?»
Dizer	«A 9,95€.»
Recomendar	«Bebam qualquer coisa.»

Vocabulário

Nomes e adjectivos:

os Açores	a couve	a lição	a pessoa
os agriões	o dinheiro	a lista	a posta
a ajuda	o DVD	a maçã	a praça
a alface	o erro	a maravilha	o quilo(grama) (Kg)
o ananás	Faro	o menino	o resto
a banana	a fatia	a mercearia	o saco
a biblioteca	o freguês	o molho	a sede
branquinho (adj.)	o frio	o pacote	sozinho (adj.)
o cacho	a fruta	a padaria	o talho
o calor	a gente	a página	o trabalho
a casa de banho	as instruções	a peixeira	o troco
a cenoura	inteiro (adj.)	a pêra	o vendedor
o chão	os legumes	a pescada	

Expressões:

A como é o quilo?	estar cheio de sede	pôr a mesa	ter frio
dar ⟨ aulas / erros / uma festa	fazer a conta	ser preciso	Vá lá,...

Verbos:

corrigir	despachar-se	pesar	precisar de
cozer	encontrar	pôr	reunir-se
dar	olhar (para)		

Unidade 10

De avião deve ser difícil (...)

Áreas gramaticais / Estruturas

Imperativo:
- irregulares - forma afirmativa

Preposições:
- a, para (+ verbos de movimento), de, em (+ meios de transporte)

Advérbios: • aproximadamente

Locuções adverbiais: • de costume, de preferência

Locuções prepositivas: • por volta de

Preposições: • durante

DIÁLOGO

No escritório onde a D. Cristina trabalha.

D. Cristina: Bom dia, Dr. Lemos

Dr. Lemos: Bom dia, D. Cristina. Dê-me o processo n.º 72 e chegue aqui ao meu gabinete, se não se importa.

....

D. Cristina: Faça favor de dizer, senhor doutor.

Dr. Lemos: Preciso de ir amanhã ao Porto. Vou ter uma reunião com os nossos principais clientes.

D. Cristina: Vou já tratar das reservas. Como é que quer ir?

Dr. Lemos: Bom, tenho de estar lá por volta das 09:30. Portanto, ou vou de comboio hoje à noite ou, de preferência, de avião amanhã de manhã.

D. Cristina: De avião deve ser difícil, mas vou tentar. Quando é que pretende regressar?

Dr. Lemos: Volto logo no dia seguinte.

D. Cristina: Então, marco-lhe quarto para uma ou duas noites no hotel do costume.

Vamos lá falar!

Apresentação 1

	Imperativo		
	Irregulares - forma afirmativa		
	singular		plural
	formal	**informal**	**formal e informal**
dar	**Dê!**	Dá!	**Dêem!**
estar	**Esteja!**	Está!	**Estejam!**
ir	**Vá!**	Vai!	**Vão!**
ser	**Seja!**	**Sê!**	**Sejam!**

Oralidade 1

1. _____ -me o processo n.º 72, por favor, D. Cristina. *(dar)*

2. _____ quietos, meninos! *(estar)*

3. _____ atenção, se não se importam! *(dar)*

4. _____ bem-vinda a Portugal, Ângela! *(ser)*

5. _____ à agência de viagens levantar os bilhetes, Sr. Pinto. *(ir)*

6. _____ à porta do cinema às nove, mãe. *(estar)*

7. _____ buscar os vossos casacos. *(ir)*

APRESENTAÇÃO 2

ir
vir
voltar

\> + <

a – curta permanência

para – longa permanência

ORALIDADE 2 [86]

1. O Dr. Lemos **vai ao** Porto na quarta-feira. *C P*
2. O Sr. Marques **vai** viver **para** o Porto. *L P*
3. A D. Cristina **vai a** casa almoçar.
4. Às 18:00 **vai para** casa.
5. Em Agosto **vou** à Madeira **passar** férias.
6. Em Setembro a Ângela **vai para** Angola.
7. Depois do Natal, os tios do Diogo **voltam para** Aveiro.
8. Ele vai **voltar a** Lisboa dois anos mais tarde.
9. Ela **vem a** Lisboa visitar os amigos.
10. Ela **vem para** Lisboa estudar.

ORALIDADE 3 [87]

1. O Luís vai _____ casa buscar o casaco.
2. Quando é que voltas _____ Luanda, Ângela?
3. Já não há pão. Vou _____ padaria.
4. Queres ir _____ cinema?
5. O Ricardo vai _____ Londres estudar.
6. Vou _____ Correios comprar selos.

APRESENTAÇÃO 3   A

de + meios de transporte

ORALIDADE 4 [88]

1. Eles vão à Costa da Caparica **de camioneta.**

2. Gosto muito de viajar **de barco.**

3. A Joana vai ao médico **de táxi.**

4. A Ângela vai para Belém **de eléctrico.**

N.B.: a pé, à boleia.

5. Para a Baixa, prefiro ir **de metropolitano.**

APRESENTAÇÃO 3　　　　B

em + meios de transporte (determinado)

ORALIDADE 5　89

1. Eles vão sair **no carro do pai.**

2. O Dr. Lemos vai **no comboio das 19:30.**

3. Prefiro voltar **no avião da TAP.**

4. Daqui para as Amoreiras, tem de ir **no autocarro n.º 718.**

5. Queres andar **na minha mota nova,** Diogo?

10

ORALIDADE 6

Exemplo: Sr. Viana / ir para o emprego / carro
O Sr. Viana vai para o emprego de carro.

1. Ângela / voltar para Angola / avião
_____ .

2. Eu / seguir já / este táxi
_____ .

3. Pedro / ir para a escola / pé
_____ .

4. Eles / voltar / comboio das 20:30
_____ .

5. Nós / ir / carro dele
_____ .

APRESENTAÇÃO 4

Necessidade	Obrigatoriedade	Probabilidade
precisar de ser preciso ter de / que	ter de / que	dever

ORALIDADE 7

1. O Dr. Lemos **precisa do** processo n.º 72.
2. Precisa de ir amanhã ao Porto.
3. Tem de / que estar lá por volta das 09:30.
4. É preciso tratar das reservas.
5. Deve ser difícil ir de avião.
6. A D. Cristina **tem de / que** telefonar já para a agência de viagens.

ORALIDADE 8

1. – De quem é esta gramática?
  – _____ ser da Ângela.
2. – Vais ao banco?
  – Sim, _____ cheques.
3. – Já não há café.
  – Pois não. _____ ir ao supermercado.
4. – O pai já está em casa?
  – Ainda não, mas _____ estar a chegar.
5. – Mãe, posso levar hoje o carro?
  – Não sei. _____ pedir ao teu pai.
6. – Senhor doutor, já não é possível ir de avião.
  – Então, _____ ir de comboio.

Texto

93

A D. Cristina vai telefonar para a agência para tratar da viagem do Dr. Lemos.

Empregado: Estou sim? Agência de viagens, bom dia.

D. Cristina: Bom dia. Fala de J. Lemos Advogados. O Dr. Lemos tem de estar amanhã cedo no Porto e pretende regressar no dia seguinte.

Empregado: Como é que deseja ir?

D. Cristina: De preferência no primeiro avião da manhã.

Empregado: Só um minuto, que eu vou já verificar… Lisboa/Porto de avião já não vai ser possível. Tem de ir hoje à noite de comboio, mas pode regressar amanhã às 20.35 no vôo TP 1983.

D. Cristina: Então marque, por favor, no Hotel Porto Atlântico em nome de Dr. Joaquim Lemos, uma noite em quarto individual, com pequeno-almoço incluído.

Empregado: Com certeza. Dentro de meia hora aproximadamente confirmo-lhe as reservas e mando aí alguém entregar.

D. Cristina: Obrigada. Faça o favor de enviar a factura para a empresa, como de costume.

VAMOS LÁ ESCREVER!

COMPREENSÃO

. . . .

1. Para onde é que a D. Cristina vai telefonar? Porquê?

_____

2. Como é que o Dr. Lemos vai viajar?

_____

3. Onde é que ele vai ficar? Durante quanto tempo?

_____

4. A D. Cristina vai buscar as reservas à agência?

_____

5. É a primeira vez que a empresa trabalha com esta agência? Justifique com uma frase do texto.

_____

10 ESCRITA 1

Exemplo: A + B = C

A

1. *guardar*
2. despir
3. ligar
4. dirigir-se
5. vestir
6. telefonar
7. ser
8. pôr
9. abrir
10. estar
11. pedir

B

mesa, Joana.
aparelhagem.
agência de viagens, D. Cristina.
casacos.
informações ao polícia.
processo n.º 72, por favor, D. Cristina.
cá à meia-noite, meninos.
bem-vinda a Lisboa.
janela, por favor.
caixa para pagar, se faz favor.
camisolas.

C

1. *Guarde o processo n.º 72, por favor, D. Cristina.* _____
2. _____
3. _____
4. _____
5. _____
6. _____
7. _____
8. _____
9. _____
10. _____
11. _____

ESCRITA 2

Complete com:

vai • a • cansado • estar • aeroporto • de • chega • à
tem • às • ser • reunião • para • seguinte • porque

O Dr. Lemos _____ ao Porto _____ 23:30 e vai _____ táxi _____ o hotel. Deita-se logo _____ está _____ da viagem e o dia _____ vai _____ muito ocupado: tem _____ toda _____ manhã, _____ tarde _____ visitar a fábrica e às 18:30 _____ de _____ no _____ .

SUMÁRIO

Competências comunicativas

Expressar	necessidade	«Preciso de ir amanhã ao Porto.»
	obrigatoriedade	«(...) tenho de estar lá por volta das 09:30.»
	probabilidade	«(...) tenho de estar lá por volta das 09:30.»
Falar de meios de transporte		«De avião deve ser difícil (...)»
		«Como é que quer ir?»
		«O Dr. Lemos vai ao Porto de comboio.»
Tratar de reservas		«Então marque, por favor, no Hotel Porto Atlântico em nome de Dr. António Lemos, uma noite em quarto individual com pequeno--almoço incluído.»
		«Dentro de meia-hora, aproximadamente, confirmo-lhe as reservas.»
Usar o telefone		«Estou sim? Agência de viagens, bom dia.»
		«Bom dia. Fala de A. Lemos, Lda.»

Vocabulário

Nomes e adjectivos:

o aeroporto	o comboio	o hotel	a reserva
a agência	o costume	incluído (adj.)	a reunião
as Amoreiras	o doutor (Dr.)	individual (adj.)	seguinte (adj.)
o avião	o eléctrico	a Madeira	o táxi
a Baixa	o emprego	o metropolitano (metro)	a viagem
o barco	a fábrica	o número (n.º)	o vôo
Belém	a factura	ocupado (adj.)	
o bilhete	a frase	possível (adj.)	
a boleia	geral (adj.)	principal (adj.)	
a camioneta	a gramática	o processo	

Expressões:

dar atenção	estar quieto	ir buscar	ser possível

Verbos:

confirmar	justificar	regressar	verificar
entregar	mandar	telefonar (para)	viajar
enviar	marcar	tentar	voltar
guardar	pretender	tratar (de)	

Revisão
6 / 10

I – Complete com: *estar, ficar, ser*

1. _____ muito bonita. Essa camisola _____-lhe muito bem.

2. Os rissóis aqui _____ óptimos.

3. O Dr. Lemos _____ de Lisboa, mas hoje _____ no Porto.

4. Vamos! Já _____ tarde.

5. – Quantos _____ vocês?

– _____ doze.

6. Estes bolos hoje _____ muito bons.

7. – Vamos sair?

– Não, _____ muito cansado. _____ em casa.

8. Hoje _____ muito frio.

9. – Que horas _____ ?

– _____ meio-dia.

10. Este exercício não _____ muito difícil.

II – Complete com: *conhecer, conseguir, poder, saber*

1. Fala mais alto! Não _____ ouvir nada.

2. Vocês ainda não _____ o Algarve?

3. _____ levar o seu carro hoje à noite?

4. _____ falar português?

5. Eles ainda não _____ os pais da Ângela.

6. O Luís _____ andar bem de bicicleta.

7. _____ estudar com barulho?

8. A Joana não _____ sair, porque tem de estudar.

9. A Joana e a Ângela _____ jogar ténis muito bem.

10. Nós não _____ perceber este texto. É muito difícil.

III – Ponha os verbos na forma correcta:

1. _____ *(dizer)* à mãe que nós hoje _____ *(vir)* mais tarde, porque _____ *(ir)* primeiro ao clube.

2. _____ *(despir)* os casacos, _____ *(pôr)* aí as pastas e _____ *(vir)* já para a mesa.

3. _____ *(dar)*-me os vossos cadernos. Eu _____ *(querer)* _____ *(ver)* se _____ *(estar)* tudo bem.

4. _____ *(ler)* esse texto com atenção e _____ *(ver)* se _____ *(conseguir)* _____ *(compreender)* tudo.

5. Enquanto eu _____ *(fazer)* o almoço, _____ *(ir)* à rua e _____ *(trazer)* mais pão que já _____ *(haver)* pouco.

6. Eu já não _____ *(lembrar-se)* como é que ele _____ *(chamar-se)*.

IV – Qual a expressão correcta?

Até amanhã	**Desculpe**
Até logo	**Faz favor**
Boa noite	**Muito obrigado**
Com certeza	**Por favor**
De nada	**Se não se importa**

1. – Posso entrar?

   – _____ .

2. – Dê-me o processo n.º 72, D. Cristina.

   – _____ .

3. – Traga-me a conta, _____ .

4. – _____ . Podia dizer-me onde ficam os Correios?

5. – Tem que se dirigir à caixa, _____ .

6. – Muito obrigado.

   – _____ .

7. – Aqui tem o seu troco.

   – _____ .

8. A família Viana vai jantar fora.

   Empregado: _____ . Têm mesa reservada?

9. – Vou almoçar, D. Cristina. Estou cá por volta das 15:00.

   – Então, _____ , senhor doutor.

10. – Vou sair. Já não volto hoje.

   – Então, _____ .

V – Complete com preposições (com ou sem artigo):

1. A Rita e o João fazem anos _____ Verão.

Ele faz anos _____ 15 _____ Julho e ela _____ Agosto, _____ dia 10.

2. A D. Cristina e a amiga interessam-se _____ roupa e gostam _____ ver revistas _____ moda.

3. Ele é _____ Lisboa, mas está _____ viver _____ Porto, _____ casa _____ avós.

4. Vá sempre _____ frente, corte _____ primeira _____ direita e depois siga _____ essa rua _____ largo.

5. Ele vai _____ a escola _____ autocarro, mas ela vai _____ pé.

VI – Complete com: *alguém, alguma, muitos, nada, nenhuma, ninguém, outra, pouca, todos, tudo*

1. – Ainda há fruta?

– Já há _____, mas ainda há _____ .

2. – Não gosto muito desta camisola. Não tem _____ ?

– Não, não temos mais _____ .

3. – Já sabes _____ ?

– Quem, eu?!? Parece-me é que não sei _____ .

4. – Ainda está _____ no escritório?

– Não, a esta hora já não está lá _____ .

5. – Nesta escola há _____ alunos de português?

– Sim, e já _____ falam muito bem.

VII – Complete:

> **Exemplo:** Este exercício é *facílimo*; é ainda *mais fácil* do que o outro. *(fácil)*

1. O peixe hoje está _____, mas mesmo assim não está _____ do que a carne. *(caro)*

2. Os queques aqui são _____, mas os pastéis de nata ainda são _____ . *(bom)*

3. O dia hoje está _____, ainda está _____ do que no sábado. *(mau)*

4. Este texto é _____ é mesmo _____ do que o primeiro. *(difícil)*

5. No domingo tenho de me levantar _____, ainda _____ do que durante a semana. *(cedo)*

VIII – Complete com:

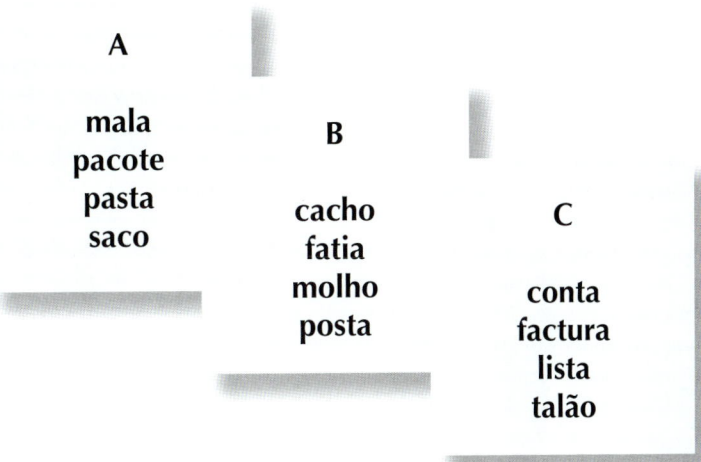

A
mala
pacote
pasta
saco

B
cacho
fatia
molho
posta

C
conta
factura
lista
talão

A

1. Se vais à rua, traz-me um _____ de leite, por favor.

2. Ponham os livros e os cadernos dentro da _____, se fazem favor.

3. Põe o _____ das compras em cima da mesa de cozinha.

4. O Dr. Lemos leva só uma _____ para a viagem, com a roupa que vai precisar.

B

1. Boa tarde. Queria uma _____ de pescada cozida.

2. Pode-me pesar aquele _____ de bananas, por favor?

3. Na banca dos legumes, ela compra um _____ de agriões.

4. Não queres uma _____ deste bolo de chocolate?

C

1. Aqui tem o seu _____, minha senhora.

2. Vamos ao supermercado. Não te esqueças da _____ das compras.

3. Queria pagar. Pode trazer-me a _____, por favor.

4. Já está aqui a _____ da agência de viagens, Dr. Lemos.

Unidade 11

Como foi a tua viagem?

Áreas gramaticais / estruturas

Pretérito perfeito simples:
- ir, ser, estar, ter

Graus dos adjectivos e advérbios:
- comparativo de igualdade e de inferioridade, superlativo relativo de superioridade e de inferioridade, superlativo absoluto analítico

Advérbios:
- actualmente, anteontem, apenas, infelizmente, ontem, principalmente

«Há» + expressões de tempo

Indefinidos:	•cada
Locuções conjuncionais:	•menos… do que, quer… quer, sempre que, tão… como

94

Sr. Viana: Já sei que estiveste no Porto. Como foi a tua viagem?

Dr. Lemos: Foi boa, mas muito cansativa. Foi tudo a correr: almoço de negócios, reunião e regresso no mesmo dia.

Sr. Viana: E não foste ver a exposição no Palácio de Cristal?

Dr. Lemos: Não, infelizmente não fui. Já não tive tempo para isso.

Sr. Viana: Eu tenho de ir lá na próxima semana. Porque é que não vens também?
Podemos tirar de lá umas ideias interessantes.

Dr. Lemos: Sim, sem dúvida. Mas, nesse caso, um dia, ou mesmo dois, não chegam. É preferível uma semana inteira.

Sr. Viana: É claro. E, já agora, aproveitamos para assistir à final de futebol. Que tal?

VAMOS LÁ FALAR!

APRESENTAÇÃO 1

Pretérito perfeito simples		
	ir	**ser**
(eu)	**f<u>ui</u>**	**f<u>ui</u>**
(tu)	**foste**	**foste**
(você, ele, ela)	**foi**	**foi**
(nós)	**fomos**	**fomos**
(vocês, eles, elas)	**foram**	**foram**

ORALIDADE 1
95

1. Eu fui
2. Tu foste
3. Você foi
4. Ele foi
5. Ela foi
6. Nós fomos
7. Vocês foram
8. Eles foram
9. Elas foram

ORALIDADE 2
96

Exemplo: – Já foram a Sintra?
– Não, *nunca lá fomos*. // – Sim, *já lá fomos*.

1. – Já foi ao Palácio de Cristal?
– Não, _____ .

2. – Já foste à Costa da Caparica?
– Sim, _____ .

3. – A Ângela nunca foi a Coimbra, pois não?
– Não, _____ .

4. – Os senhores nunca foram à Feira Internacional de Lisboa?
– Sim, _____ .

5. – Eles já foram ao Castelo de S. Jorge?
– Não, _____ .

ORALIDADE 3

Exemplo: – A viagem foi boa?
– Sim, *foi óptima*. // – Não, *foi péssima*.

1. – O teste foi fácil?
– Não, _____ .
2. – A reunião foi interessante?
– Sim, _____ .
3. – Os sapatos foram caros?
– Não, _____ .
4. – Foste um bom aluno na Faculdade?
– Sim, _____ .
5. – As vossas férias foram divertidas?
– Sim, _____ .

ORALIDADE 4

1. Ontem não _____ trabalhar, mas hoje já vou.
2. A última viagem do Dr. Lemos ao Porto _____ um pouco cansativa.
3. Vocês _____ à FIL na semana passada?
4. No ano passado nós _____ de férias para o estrangeiro.
5. Como _____ o espectáculo?

APRESENTAÇÃO 2

	Pretérito perfeito simples			
	estar		**ter**	
(eu)	**estiv**	**e**	**tiv**	**e**
(tu)	**estiv**	**este**	**tiv**	**este**
(você, ele, ela)	**est_e_v**	**e**	**t_e_v**	**e**
(nós)	**estiv**	**emos**	**tiv**	**emos**
(vocês, eles, elas)	**estiv**	**eram**	**tiv**	**eram**

ORALIDADE 5

1. Eu estive
2. Tu estiveste
3. Você esteve
4. Ele esteve
5. Ela esteve
6. Nós estivemos
7. Vocês estiveram
8. Eles estiveram
9. Elas estiveram

ORALIDADE 6

1. Eu tive
2. Tu tiveste
3. Você teve
4. Ele teve
5. Ela teve
6. Nós tivemos
7. Vocês tiveram
8. Eles tiveram
9. Elas tiveram

ORALIDADE 7

Exemplo: – Estiveram lá anteontem?
– *Não estivemos*, não. // – *Estivemos*, sim.

1. – Estiveste com eles no último fim-de-semana?
– _____ , não.
2. – A D. Cristina esteve ontem no escritório?
– _____ , não.
3. – O senhor esteve na reunião?
– _____ , sim.
4. – Esteve em casa ontem à noite?
– _____ , não.
5. – Vocês estiveram lá até tarde?
– _____ , sim.
6. – Eles estiveram na festa?
– _____ , não.

ORALIDADE 8

Exemplo: – Tiveste problemas no banco?
– _Não tive_, não senhor. // – _Tive_, sim senhor.

1. – Vocês tiveram de fazer tudo outra vez?
– _____, sim senhor.

2. – A senhora teve problemas na alfândega?
– _____, não senhor.

3. – Eles tiveram dificuldade em arranjar bilhetes?
– _____, não senhor.

4. – O Dr. Lemos teve muito trabalho no Porto?
– _____, sim senhor.

5. – Não tiveste de esperar muito, pois não?
– _____, não senhor.

ORALIDADE 9

1. Ele _____ com gripe durante o fim-de-semana. _____ de ficar de cama.

2. Nós já lá _____ ontem e não _____ problemas nenhuns.

3. Quem é que _____ dificuldade em fazer os exercícios?

4. Ontem não _____ com elas, mas hoje vamos estar.

5. O que é que _____ a fazer até estas horas, Luís?

APRESENTAÇÃO 3   A

Graus dos adjectivos e advérbios

Normal		Comparativo				
		igualdade			inferioridade*	
frio	**tão**	frio	**como**	**menos**	frio	**(do) que**
longe		longe			longe	

* É pouco usado.

ORALIDADE 10

Exemplo: Data de construção da igreja e do museu: 1650.
A igreja é tão antiga como o museu. (antigo)

Vida no campo e na cidade: ritmo diferente.
A vida no campo é menos agitada do que na cidade. (agitado)

1. Altura do André e do Ricardo: 1,75 m.
_____ . (alto)

2. Invernos em Portugal e na Alemanha: temperaturas diferentes.
_____ . (rigoroso)

3. Preço das calças e da saia: 29,90€/cada.

_____ . (caro)

4. Vinho de mesa e vinho do Porto: diferente graduação.

_____ . (graduado)

5. Área do quarto e da sala: 18 m2/cada.

_____ . (grande)

APRESENTAÇÃO 3   B

Graus dos adjectivos e advérbios

Normal	Superlativo				
	Relativo			Absoluto	
	superioridade		inferioridade*	analítico	
frio	**o mais**	frio	frio		frio
longe		longe	longe		longe
bom	**o melhor**	**o menos**	bom	**muito**	bom
grande	**o maior**		grande		grande
mau	**o pior**		mau		mau

* É muito pouco usado.

ORALIDADE 11 🔘105

. . . .

Exemplo: O João, o Pedro e o José são todos _muito altos_: _o mais alto_ é o José que tem 1,85m e o _menos alto_ é o Pedro que tem 1,81m. (alto)

1. As filhas dele são _____: _____ é a Rita e _____, na minha opinião, é a Mafalda. (_bonito_)

2. Os romances dessa escritora são _____: o primeiro foi _____ e o último até agora foi _____ de todos. (_interessante_)

3. Esses miúdos são todos _____: _____ é o Ricardo que está sempre a inventar coisas e _____, mesmo assim, é o Nuno. (_endiabrado_)

4. Os meus professores são todos _____: _____ é o professor de Matemática e _____ é o que dá Ciências. (_simpático_)

5. Ontem o concurso foi _____: a primeira parte foi _____, a segunda e a terceira, mesmo assim, foram _____. (_fraco_)

ORALIDADE 12 🔘106

. . . .

Exemplo: O Diogo é mais velho que a Joana e o Luís; é _o mais velho_ dos irmãos.

1. Estas uvas são mais doces que aquelas; são _____ que eu tenho, minha senhora.

2. As férias foram melhores que no ano passado; foram _____ de sempre.

3. Esse filme foi pior que o anterior; foi _____ de todos.

4. Ela é melhor que as colegas; é _____ da turma.

5. O quarto da Joana é maior que o da Ângela; é _____ de todos.

TEXTO
107

O Sr. Viana é um grande adepto de desporto: gosta de andebol, basquetebol e, principalmente, de futebol. Actualmente não pratica nenhuma dessas modalidades, só joga golfe aos fins-de-semana, mas, enquanto esteve a tirar o curso no Instituto, foi jogador de futebol numa equipa amadora.

Hoje é ainda um espectador assíduo. Sempre que pode, aproveita para assistir a um bom jogo, quer na televisão quer no estádio. Há uns anos atrás, por exemplo, o Sr. Viana e o filho mais velho, o Diogo, foram até à Alemanha ver a final da Liga dos Campeões. Na próxima semana, como tem de ir ao Porto em negócios, vai aproveitar para ver o Boavista – Benfica.

VAMOS LÁ ESCREVER!

COMPREENSÃO

1. Qual é o desporto preferido do Sr. Viana?

_____

2. Ainda pratica desporto?

_____

3. Quando é que ele foi jogador de futebol?

_____

4. Quem é que foi até à Alemanha? Fazer o quê?

_____

5. O Sr. Viana vai ao Porto só em trabalho?

_____

ESCRITA 1

Exemplo: No ano passado, pelo Natal, estiveram na Grécia.
Estamos em Dezembro.
Estiveram na Grécia há um ano.

1. A Susana teve exame em Junho.
Estamos em Outubro.

_____

2. Eles foram para o aeroporto às 10:30.
São 14:00.

_____

11

3. No sábado passado estivemos na praia.
Hoje é terça-feira.

_____

4. Recebemos uma chamada ao meio-dia.
Agora é meio-dia e meia.

_____

5. Fui a Espanha no dia 25.
Estamos a 30.

_____

ESCRITA 2

....

Exemplo: amanhã / (nós) ir / ver / jogo
Amanhã vamos ver o jogo.

1. mês passado / eles / estar / doente

_____

2. próxima semana / (eu) / ir / estrangeiro

_____

3. ontem / não / estar / ninguém / escritório

_____

4. eles / ir / viver / Canadá / há duas semanas

_____

5. vocês / ter / muito trabalho / ontem / tarde

_____

SUMÁRIO

Competências comunicativas

Concordar	«Sim, sem dúvida.»
	«É claro.»
Convidar	«Porque é que não vens também?»
Falar de acções passadas	«Já sei que estiveste no Porto.»
Fazer comparações	«A igreja é tão antiga como o museu.»
	«A vida no campo é menos agitada do que na cidade.»
Localizar acções passadas no tempo	«Há uns anos atrás (…) foram até à Alemanha (…)»
Pedir opinião	«Estiveram na Grécia há um ano.»
	«Que tal?»
Reforçar uma declaração	«Tive, sim senhor.»
	«Não tive, não senhor.»

Vocabulário

Nomes e adjectivos:

o adepto
agitado (adj.)
a alfândega
amador (adj.)
o andebol
anterior (adj.)
a área
assíduo (adj.)
o basquetebol
o Benfica
o Boavista
o campeão
o Canadá
cansativo (adj.)
o Castelo de S. Jorge
a chamada
a cidade
o concurso
a construção

o curso
o desporto
a dificuldade
divertido (adj.)
doce (adj.)
doente (adj.)
endiabrado (adj.)
a equipa
o escritor
o espectáculo
o espectador
o estádio
a exposição
a Faculdade
a Feira Internacional
de Lisboa (FIL)
a final
fraco (adj.)
o golfe

a graduação
graduado (adj.)
a Grécia
a gripe
a ideia
a igreja
interessante (adj.)
o Instituto
a liga
o metro (m)
o metro quadrado
(m2)
a modalidade
o museu
os negócios
a opinião
o Palácio de Cristal
passado (adj.)
a praia

preferido (adj.)
preferível (adj.)
o problema
o regresso
rigoroso (adj.)
o ritmo
simpático (adj.)
a temperatura
o teste
a turma
a uva
a vida

Expressões:

estar com gripe
ficar de cama
fazer anos
Muito obrigado.
de férias
ir em negócios
em trabalho

...não senhor.
Que tal?
(Sim,) sem dúvida.
ser preferível
...sim senhor.

ter dificuldade (em)
problemas (em)

tirar um curso
ideias

Verbos:

aproveitar
assistir (a)

inventar

praticar

tirar

Unidade 12

Os meus pais mandaram-me dinheiro.

Áreas gramaticais/estruturas

Pretérito perfeito simples:
  • regulares em -ar

Demonstrativos: • o
Indefinidos: • vários
**Locuções
adverbiais:** • por último

DIÁLOGO

D. Cristina: Já tomaste o pequeno-almoço, Ângela?

Ângela: Já, já. Vou ao banco levantar este cheque. Os meus pais mandaram-me dinheiro. Até logo.

D.Cristina: Até logo.

....

No banco.

Ângela: Bom dia. Queria levantar este cheque, por favor.

Empregado: Com certeza. Tem o seu passaporte?

Ângela: Tenho. Faça favor.

Empregado: Qual é a sua morada em Portugal?

Ângela: Av. de Roma, n.º 182 – 1.º Dt.º, 1700 -353 Lisboa.

Empregado: Agora aguarda na Caixa 2 para receber o dinheiro.

Ângela: Onde é a Caixa 2?

Empregado: À direita, ao fundo, onde está aquela fila.

Ângela: Só mais uma coisa. Qual é a cotação do dólar?

Empregado: Está a 1,47€.

Ângela: Baixou bastante. Obrigada.

Empregado: De nada. Bom dia.

VAMOS LÁ FALAR!

APRESENTAÇÃO 1

	Pretérito perfeito simples regulares em **-ar**	
(eu)	and	**ei**
(tu)	convid	**aste**
(você, ele, ela)	mand	**ou**
(nós)	tom	**ámos**
(vocês, eles, elas)	troc	**aram**

N.B.: começar – eu come**c**ei, tu começaste,…
ficar – eu fi**qu**ei, tu ficaste,…
pagar – eu pa**gu**ei, tu pagaste,…

ORALIDADE 1

1. Eu ontem **fiquei** em casa.
2. Tu já **mandaste** a carta, Ângela?
3. Você não **trocou** o dinheiro, pois não?
4. Ele **almoçou** com os clientes.
5. Ela **pagou** em dinheiro.
6. Nós **começámos** a trabalhar às 08:30.
7. Vocês **convidaram** alguém?
8. Eles ontem **fecharam** mais tarde.
9. Elas já **estudaram** tudo.

12

ORALIDADE 2 🔘110

1. – _____ (acordar) cedo, Paulo?

   – Sim, _____ (acordar) antes das 08:00, mas só _____
   (levantar-se) meia-hora depois.

2. – _____ (gostar) do filme, Joana?

   – _____ (gostar) imenso.

3. – Já _____ (entregar) os documentos, Sr. Pinto?

   – Ainda não _____ (entregar).

4. – Os teus pais _____ (enviar)-te dinheiro?

   – _____ (mandar)-me um cheque.

5. – Porque é que não me _____ (telefonar)?

   – Porque _____ (acabar) o trabalho muito tarde.

6. – O senhor _____ (pagar) em cheque ou em dinheiro?

   – _____ (passar) um cheque.

7. – _____ (gastar) muito dinheiro nas compras, Ana?

   – _____ (gastar) e o pior é que não _____ (comprar) tudo.

8. – Porque é que _____ (chegar) atrasado, Luís?

   – Já não _____ (apanhar) o autocarro das 09:00.

9. – _____ (falar) com eles?

   – _____ (falar), mas ela não _____ (falar).

10. – A que horas _____ (chegar) ontem, meninos?

   – _____ (chegar) por volta da meia-noite: _____ (jantar)
   fora e depois _____ (levar) o Paulo a casa.

ORALIDADE 3 🔘111

Exemplo: Hoje estão na escola até às 18:00.
               Ontem _estiveram_ lá até às 17:00.

1. Hoje estou livre.
   Ontem _____ muito ocupado.

2. Este ano vão para o Norte.
   No ano passado _____ para o Algarve.

3. Ontem _____ de tratar dos passaportes.
   Hoje temos de ir à agência.

4. Na semana passada o Dr. Lemos _____ ao Porto falar com uns clientes.
   Hoje vai fechar negócio.

5. Este filme é óptimo.
   O de ontem também _____ bom.

APRESENTAÇÃO 2

Operações bancárias

abrir uma conta
- à ordem
- a prazo

comprar (cheques de viagem em)
- dólares
- euros
- libras

creditar

debitar

na conta n.º...

depositar
- cheques
- vales

valores

dinheiro

moedas
notas

numerário

levantar cheques, dinheiro (no multibanco)

consultar o saldo/extracto no multibanco/na internete

preencher
- um impresso
- um talão de depósito

requisitar um livro de cheques

trocar dinheiro

ORALIDADE 4 112

Exemplo: Queria _abrir_ uma conta à ordem.

1. Os meus pais mandaram-me dinheiro e ontem _____ o cheque na minha conta.

2. Tenho poucos cheques, por isso já _____ um livro de cheques.

3. Não sei quanto dinheiro tenho no banco. Vou _____ o saldo.

4. Vou ao banco _____ esta nota de 100€ em duas de _____€.

5. Para _____ conta tem de _____ este impresso. E depois _____ aqui em baixo.

6. – Queria _____ 20 libras em cheques de viagem.

7. – Com certeza. É para _____ na sua conta?

8. Só tenho 2,50€. Preciso de _____ dinheiro.

12

ORALIDADE 5 🔘113

Exemplo: Tem aqui este *impresso* para preencher.

1. Posso passar _____ ou tenho de pagar em _____ ?

2. O Dr. Lemos vai para Nova Iorque. Precisa de comprar _____ .

3. Só posso levantar o dinheiro no próximo mês, porque a minha _____ é a _____ .

4. Entregue o cheque e o _____ de depósito na Caixa 1.

5. Antes de depositar dinheiro, preciso de saber o _____ da minha conta.

6. Vou requisitar um _____ de cheques. Já tenho poucos.

TEXTO

Hoje de manhã a Ângela foi tratar de vários assuntos. Para não se esquecer de nada, anotou tudo na agenda.

Primeiro foi ao banco, levantar o cheque que os pais lhe mandaram. Como não gosta de andar com muito dinheiro, aproveitou para abrir uma conta à ordem e depositou logo metade. Guardou o resto do dinheiro e, já na rua, tirou a agenda do bolso.

Ângela: Ora deixa cá ver, onde é que eu agora tenho de ir.

🔘114 **JANEIRO**   (4ª SEMANA)

ir ao multibanco:
- *consultar o saldo*
- *carregar o telemóvel*

ir aos correios:
- *comprar selos*
- *mandar carta para Luanda*
- *telefonar aos pais*

ir à escola:
- *falar com a directora de turma*
- *marcar testes com a psicóloga*
- *requisitar livro na biblioteca*

VAMOS LÁ ESCREVER!

COMPREENSÃO

1. O que é que a Ângela foi fazer hoje de manhã?
_____

2. Porque é que ela anotou tudo na agenda?
_____

3. Onde é que ela foi primeiro?
_____

4. Quem é que lhe mandou o cheque?
_____

5. O que é que ela foi fazer ao banco?
_____

ESCRITA 1

Imagine que a Ângela está a contar à Joana o que teve de fazer hoje de manhã. Comece assim:

Hoje de manhã fui ao banco e levantei o cheque que _____

_____

_____

_____

A seguir fui aos Correios. _____

_____

_____

Por último, tive de ir à escola. _____

_____

_____

ESCRITA 2

A

O António está no banco e quer abrir uma conta.

António: Bom dia. Queria _____ uma _____ à
_____, por favor.

Empregado: Com certeza. Tem aqui este _____ . Pode
_____ e depois assina aqui em baixo.

António: Obrigado.

Empregado: De nada.

B

O Jorge foi ao banco para depositar dinheiro.

Jorge: Boa tarde. Queria _____ 150€ na _____ n.º 2495108,
se faz favor.

Empregado: É só um momento. Aqui tem o _____ . Por favor,
_____ aqui em baixo.

Jorge: Obrigado. Olhe, queria também _____ dinheiro: 50€.

Empregado: Como é que quer?

Jorge: Duas _____ de 20€ e o resto em _____ de 1€ e 2€.

12

C

. . . .

A Maria está no banco e vai requisitar um livro de cheques.

Empregado: Bom dia. Faz favor de dizer.

Maria: Queria _____ um _____ de _____,
por favor.

Empregado: Muito bem. É só assinar aqui este _____ .

Maria: Quando é que posso _____ os _____ ?

Empregado: Dentro de três dias úteis estão prontos.

Maria: Muito obrigada.

Empregado: Não tem de quê.

Escrita 3

. . . .

Aqui está o cheque que a Ângela passou para pagar a mensalidade da escola:

**Imagine que foi à Livraria Lisbonense e comprou um dicionário de Português-Espanhol.
Para pagar passou um cheque na quantia de 64,50€.**

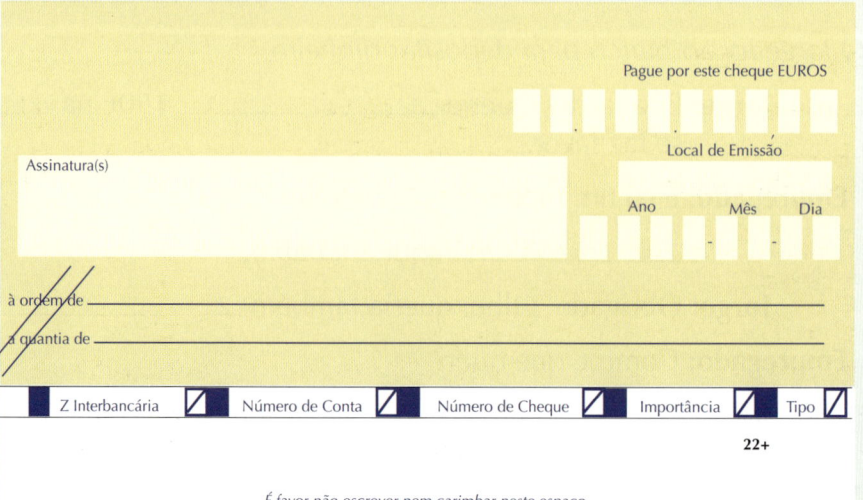

SUMÁRIO

Competências comunicativas

Falar de acções passadas	«Os meus pais mandaram-me dinheiro.»
Falar de operações bancárias	«Queria levantar este cheque.»
	«Qual é a cotação do dólar?»
	«Está a 1,47€.»
	«Queria abrir uma conta à ordem, por favor.»
	«Queria trocar dinheiro (…)»
	«Queria também depositar dinheiro.»
	«Queria requisitar um livro de cheques.»
Perguntar **a morada** **Dizer**	«Qual é a sua morada em Portugal?»
	«Av. de Roma, n.º 182 – 1.º Dt.º, 1700-353 Lisboa.»

Vocabulário

Nomes e adjectivos:

a agenda	o documento	a metade	a quantia
o assunto	o dólar	a moeda	o saldo
a Av. de Roma	o extracto	a morada	o telemóvel
bancário (adj.)	o impresso	o multibanco	útil (adj.)
a bicha	a internete	a nota	o vale
o bolso	a libra	o Norte	os valores
a carta	a livraria	Nova Iorque	
a cotação	livre (adj.)	o numerário	
o depósito	a mensalidade	o passaporte	

Expressões:

à ordem	Ora deixa cá ver…	cheque	passar um cheque
a prazo	Não tem de quê.	pagar em <	requisitar um livro
cinco dias úteis		dinheiro	

Verbos:

acordar	baixar	debitar	preencher
aguardar	carregar	depositar	receber
anotar	consultar	gastar	requisitar
assinar	creditar	imaginar	trocar

Unidade 13

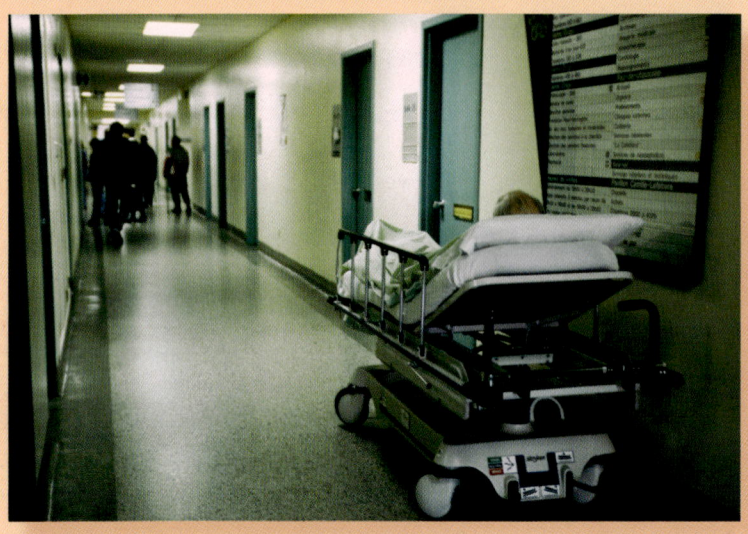

(...) andei a fazer arrumações e parti o braço.

Áreas gramaticais /Estruturas

Pretérito perfeito simples:
- regulares em -er, -ir, verbos em -air
- ver

Presente do indicativo:
- doer

Advérbios: • tanto, tão

Indefinidos: • tanto(s), tanta(s)

Advérbios: • abaixo, absolutamente, mal

Interjeições: • hem!, zás!

Locuções conjuncionais: • desde que

Diogo: Então Ricardo, o que é que te aconteceu?

Ricardo: Olha, andei a fazer arrumações e parti o braço.

Joana: Como é que foi isso?

Ricardo: A minha mãe pediu-me para limpar a arrecadação. Fui buscar o escadote e...

Diogo: E... zás! Caíste do escadote abaixo, não?

Ricardo: Pois foi. E agora estou neste lindo estado.

Joana: Dói-te muito o braço?

Ricardo: Agora já não me dói tanto. Mas ainda estou com dores na perna. Tenho cá uma nódoa negra...!

Diogo: Coitado! Tiveste mesmo azar.

Vamos lá falar!

APRESENTAÇÃO 1   A

	Pretérito perfeito simples regulares em <u>-er</u>	
(eu)	beb	**i**
(tu)	com	**este**
(você, ele, ela)	desc	**eu**
(nós)	escrev	**emos**
(vocês, eles, elas)	perd	**eram**

ORALIDADE 1 116

1. Eu ontem **comi** muito.

2. Tu não **perdeste** o dinheiro, pois não?

3. Você ainda não **leu** este artigo?

4. Ele **nasceu** em Moçambique.

5. Ela **bebeu** café com leite ao pequeno-almoço.

6. Nós **vivemos** no Porto há muitos anos.

7. Vocês não se **esqueceram** de nada?

8. Eles **desceram** a pé.

9. Elas **escreveram**-me um postal.

APRESENTAÇÃO 1   B

	Pretérito perfeito simples regulares em -ir	
(eu)	abr	**i**
(tu)	decid	**iste**
(você, ele, ela)	ouv	**iu**
(nós)	part	**imos**
(vocês, eles, elas)	vest	**iram**

N.B.: Verbos em **-air**

   cair – eu caí, tu caíste, ele caiu, nós caímos, eles caíram

   sair – eu saí, tu saíste, ele saiu, nós saímos, eles saíram

ORALIDADE 2 117

1. Eu ainda não **decidi** nada.
2. Tu **caíste** do escadote, não foi?
3. Você já **ouviu** as notícias?
4. Ele **partiu** o braço.
5. Ela já se **vestiu**.
6. Nós ontem **abrimos** uma conta no banco.
7. Vocês **conseguiram** saber a morada dele?
8. Eles **pediram** o carro ao pai.
9. Elas ontem não **saíram** de casa.

APRESENTAÇÃO 1   C

Pretérito perfeito simples

ver = regulares em -ir

ORALIDADE 3 118

1. **Vi** ontem o Pedro.
2. Já **viste** a minha aparelhagem nova?
3. **Viu** o Sr. Pinto, D. Cristina?
4. Ainda não **vimos** esse filme.
5. **Viram** a minha pasta?

ORALIDADE 4 119

1. Ela _____ *(ver)* o filme em Espanhol, mas não _____ *(perceber)* quase nada.

2. Eles _____ *(descer)* de elevador, mas ela _____ *(preferir)* ir a pé.

3. Eu _____ *(conseguir)* saber o número dela e não _____ *(esquecer-se)* de lhe telefonar.

4. O Ricardo _____ *(cair)* do escadote e _____ *(partir)* o braço.

5. Nós ainda não _____ *(ler)* o artigo que ele _____ *(escrever)*.

ORALIDADE 5

1. – Então, ainda não se vestiram, meninos?

– Eu já estou pronto, mas a Sofia ainda não _____ .

2. – Esqueceste-te de alguma coisa?

– _____ do chapéu-de-chuva, como sempre.

3. – Perderam o dinheiro!?!

– _____ o dinheiro e os documentos todos.

4. – Onde é que nasceste?

– _____ em Moçambique.

5. – Viram o filme de ontem?

– _____ . Foi muito bom.

6. – O senhor pediu um garoto?

– Não, não. _____ uma bica.

7. – Ouviram as notícias de manhã?

– _____ . É só desgraças.

8. – Já leu o jornal?

– Já _____ , já. Pode levar.

9. – Ainda não recebeste nenhuma carta?

– Já _____ uma da minha mãe.

10. – O que é que comeram ao jantar?

– Eu _____ escalopes de vitela e ela _____ peixe.

APRESENTAÇÃO 2　　　　　　　　　　　　　　**A**

O CORPO HUMANO

a cabeça

o pescoço

o cotovelo

a perna

o braço

os dedos

a mão

o peito

o joelho

o pé

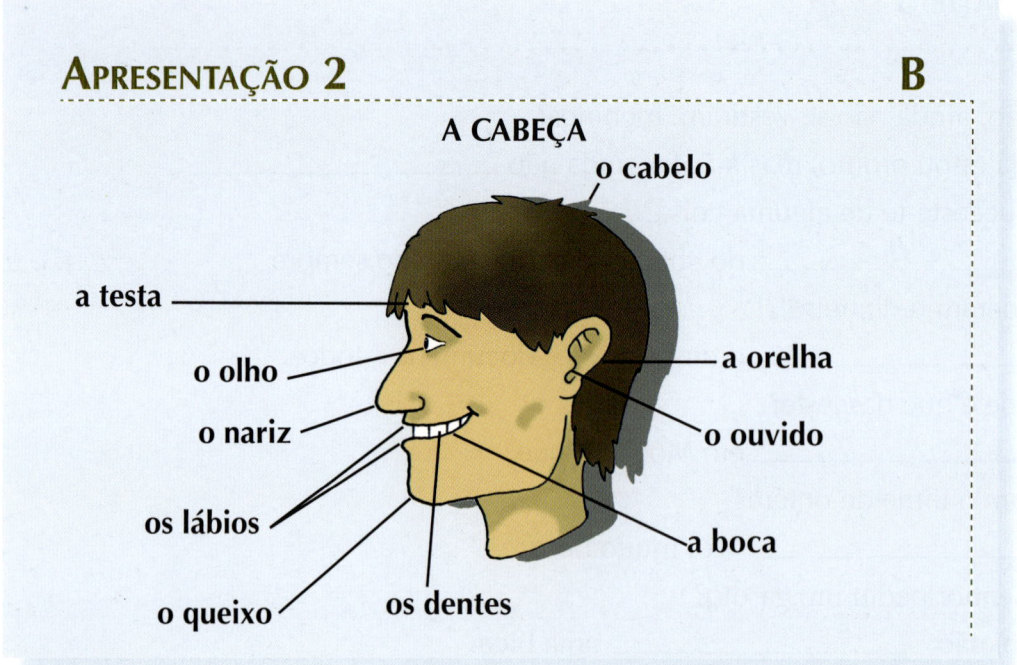

APRESENTAÇÃO 2 B

A CABEÇA

o cabelo

a testa

o olho

o nariz

a orelha

o ouvido

os lábios

a boca

o queixo

os dentes

ORALIDADE 6 121

1. a cabeça
2. o pescoço
3. o peito
4. o braço
5. o cotovelo
6. a mão
7. os dedos
8. a perna
9. o joelho
10. o pé

ORALIDADE 7 122

1. o cabelo
2. a testa
3. os olhos
4. a orelha
5. o ouvido
6. o nariz
7. a boca
8. os lábios
9. os dentes
10. o queixo

APRESENTAÇÃO 3

	Presente do indicativo doer
singular	**dói**
plural	**doem**

ORALIDADE 8 123

1. **Dói**-me o braço.
2. **Doem**-me os dentes.

ORALIDADE 9 124

Exemplo: – O que é que te dói? *(cabeça)*
– *Dói-me a cabeça.*

1. – O que é que lhe dói? *(ouvidos)*
– _____ .

2. – O que é que te dói? *(joelho)*
– _____ .

3. – O que é que lhe dói? *(perna)*
– _____ .

4. – O que é que te dói? *(dentes)*
– _____ .

5. – O que é que te dói? *(braço)*
– _____ .

6. – O que é que lhe dói? *(pés)*
– _____ .

APRESENTAÇÃO 4

tanto
- invariável - (depois de verbo)
- variável - (antes de substantivo)

tão ——— invariável - (antes de adjectivo / advérbio)

ORALIDADE 10
125

1. Agora já não me dói **tanto**.
2. Já não tenho **tantas** dores.
3. Ele está **tão** dorido!
4. Chegaste **tão** cedo!

ORALIDADE 11
126

1. Estás _____ bonita, Joana!
2. Coitado do Ricardo! Teve _____ azar!
3. _____ gente!
4. Falas _____ depressa!
5. Hum! Gosto _____ desse bolo!
6. Olha, _____ carros!

7. Gastaram _____ dinheiro!
8. Tenho _____ dores no braço!
9. Ele está _____ contente!
10. Estou com _____ fome!
11. Levantou-se _____ tarde!
12. Doem-me _____ os dentes!

TEXTO

Já passou um mês desde que o Ricardo teve o acidente. Por isso a mãe telefonou para o consultório e marcou uma consulta para o ortopedista. Este observou o Ricardo e achou que ele já podia tirar o gesso.

No dia seguinte, o Ricardo e a mãe foram os dois ao hospital.

Enfermeiro: Então, já estás melhor?

Ricardo: Acho que sim. Nunca mais tive dores.

Enfermeiro: Óptimo! Isso é que é preciso! Vamos lá tirar esse gesso.

Ricardo: Até que enfim! Custou tanto a passar!

Enfermeiro: Pronto! Não te doeu, pois não?

Ricardo: Absolutamente nada.

Enfermeiro: Consegues mexer o braço?

Ricardo: Consigo. Agora tenho de fazer ginástica.

Enfermeiro: Acho que deves falar primeiro com o médico e nada de exageros, hem!

Ricardo: Claro! Tenho consulta logo à tarde.

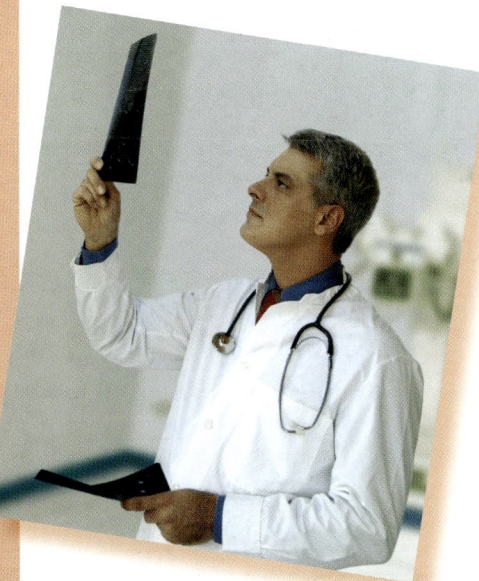

127

VAMOS LÁ ESCREVER!

COMPREENSÃO

1. Há quanto tempo é que o Ricardo teve o acidente?

2. Para onde é que a mãe telefonou? Porquê?

_____

3. Onde é que foram no dia seguinte? Porquê?

_____

4. O Ricardo ficou contente por tirar o gesso? Justifique com uma frase do texto.

_____

5. O Ricardo pode começar já a fazer ginástica com o braço? Justifique.

_____

ESCRITA 1

. . . .

Exemplo: O Ricardo teve o acidente há um mês.
           Já passou um mês desde que o Ricardo teve o acidente.

1. Parti o braço há quatro semanas.

_____

2. O bebé nasceu há quinze dias.

_____

3. Ele escreveu o último romance há um ano.

_____

4. Os meus tios mudaram-se para o apartamento novo há oito dias.

_____

5. O exame começou há uma hora.

_____

ESCRITA 2

. . . .

Exemplo: Estou com muito sono. Mal consigo abrir os olhos.
           Estou com tanto sono que mal consigo abrir os olhos.

1. Hoje andei muito. Doem-me os pés.

_____

2. O dia ontem esteve muito bonito. Resolvi ir passear.

_____

3. Estou com muitas dores. Vou já tomar um comprimido.

_____

4. Ele sentiu-se muito mal. A mãe chamou o médico.

_____

5. Ontem estudei muito. Fiquei com dores de cabeça.

_____

SUMÁRIO

Competências comunicativas

Dar ênfase	«Tenho cá uma nódoa negra… !»
Expressar alívio	«Até que enfim.»
Expressar ênfase, sob um ponto de vista subjectivo	«Estás tão bonita, Joana!»
	«Custou tanto a passar.»
Expressar dor	«(…) não me dói tanto.»
	«Estou com dores na perna.»
Expressar ironia	«E agora estou neste lindo estado.»
Expressar simpatia	«Coitado! Tiveste mesmo azar.»
	«Óptimo! Isso é que é preciso!»
Falar de acções passadas	«(…) o que é que te aconteceu?»
Falar do corpo humano	«(…) andei a fazer arrumações e parti o braço.»
Localizar acções passadas no tempo	«Já passou um mês desde que o Ricardo teve o acidente.»

Vocabulário

Nomes e adjectivos:

o acidente	o consultório	o gesso	o ortopedista
a arrecadação	o corpo	a ginástica	o ouvido
a arrumação	o cotovelo	humano (adj.)	o pé
o artigo	o dedo	o joelho	o peito
o azar	o dente	o lábio	a perna
o bebé	a desgraça	lindo (adj.)	o pescoço
a boca	a dor	a mão	o postal
o braço	dorido (adj.)	Moçambique	o queixo
a cabeça	o elevador	o nariz	o sono
o cabelo	o escadote	a nódoa negra	a testa
o chapéu-de-chuva	o escalope (de vitela)	a notícia	
o comprimido	o estado	o olho	
a consulta	o exagero	a orelha	

Expressões:

Coitado de… !	fazer < arrumações / ginástica	ir passear	ter < azar / dores / uma consulta
Custou tanto a passar!		Isso é que é preciso!	
estar com < dores / sono	ficar com < dores (de) / contente (por)	marcar uma consulta	
		Nada de exageros… !	tomar um comprimido

Verbos:

acontecer	limpar	mudar-se (para)	observar
chamar	mexer	nascer	sentir-se
doer			

Unidade 14

Então, o que é que o médico te disse?

Áreas gramaticais / Estruturas

Pretérito perfeito simples:
* dizer, trazer

Pronomes pessoais complemento directo:
* me, te, o, a

Com + pronomes pessoais complemento circunstancial:
* comigo, contigo, consigo, com ele(s), com ela(s), connosco, com vocês, convosco

Advérbios: • essencialmente

Conjunções: • nem, pois

Indefinidos: • certas

Interrogativos: • que tipo de

Locuções conjuncionais: • não só… mas também

Locuções prepositivas: • por causa de

DIÁLOGO

Ao telefone.

Joana: Está lá? É de casa do Ricardo?

Ricardo: Sim, sim. É o próprio. Quem fala?

Joana: É a Joana. Então, o que o médico te disse?

Ricardo: Está tudo bem. Tirei ontem o gesso e trouxe um aparelho para fazer exercícios com o braço.

Joana: Ainda bem! E para comemorar o «braço novo», porque não vamos à revista?

Ricardo: Porque é que te lembraste disso?

Joana: Bom, é que o Diogo tem bilhetes para hoje, para a estreia. Vens connosco?

Ricardo: É claro que vou. Como é que combinamos?

Joana: Encontramo-nos às nove no café. O Jorge e a Rita também vão lá estar. Ah! É verdade! Traz a tua irmã.

Ricardo: Está bem. Eu levo-a comigo. Até logo.

Joana: Até logo.

VAMOS LÁ FALAR!

APRESENTAÇÃO 1

	Pretérito perfeito simples dizer / trazer	
(eu)		e
(tu)	diss	este
(você, ele, ela)		e
(nós)	troux	emos
(vocês, eles, elas)		eram

ORALIDADE 1

1. Eu disse
2. Tu disseste
3. Você disse
4. Ele disse
5. Ela disse
6. Nós dissemos
7. Vocês disseram
8. Eles disseram
9. Elas disseram

ORALIDADE 2

1. Eu trouxe
2. Tu trouxeste
3. Você trouxe
4. Ele trouxe
5. Ela trouxe
6. Nós trouxemos
7. Vocês trouxeram
8. Eles trouxeram
9. Elas trouxeram

14

ORALIDADE 3 🔘 131

1. – O que é que te _____ no hospital?

– _____-me para fazer ginástica com o braço. *(dizer)*

2. – _____ os bilhetes, Diogo?

– Claro que _____ . *(trazer)*

3. – Já _____ à tua irmã que vamos à revista?

– Não, ainda não lhe _____ nada. *(dizer)*

4. – Vocês _____ alguma coisa para comer?

– _____ chocolates para todos. *(trazer)*

5. – Quem é que me _____ isso?

– Fomos nós que te _____ . *(dizer)*

ORALIDADE 4 🔘 132

1. Eles não lhe _____ para onde foram.

2. _____-lhe uma prenda, mãe.

3. Ninguém me _____ que estiveste doente.

4. Nós já lhe _____ que ela não está em casa de manhã.

5. _____ os óculos, Teresa?

APRESENTAÇÃO 2   A

Pronomes pessoais complemento directo	
(eu)	**me**
(tu)	**te**
(você) (o Senhor) (a Senhora) (ele) (ela)	**o, a**

ORALIDADE 5 🔘 133

1. – A Teresa também vai à revista?

– Vai. A Joana também _____ convidou.

2. – A esta hora já não há autocarros, Diogo.

– Não faz mal. Eu levo-_____ a casa, Teresa.

3. – Onde é que tens o bilhete? Perdeste-_____ ?

– Não. Guardei-_____ na mala.

4. – Já conheces a Rita?

– Sim, sim. Conheci-_____ ontem, na festa.

5. – Ajudas-_____ com as compras, Joana?

– Ajudo-_____ já, mãe. É só um minuto.

APRESENTAÇÃO 2   B

com + pronomes pessoais
complemento circunstancial

	singular	plural	
(eu)	**comigo**	**connosco**	(nós)
(tu)	**contigo**	**com vocês**	(vocês)
(você) (o Senhor) (a Senhora)	**consigo**	**convosco**	(os senhores) (as senhoras)
(ele)	**com ele**	**com eles**	(eles)
(ela)	**com ela**	**com elas**	(elas)

ORALIDADE 6 134

Exemplo: – Também vens _____ *(nós)*?
                     – Também vens **connosco** *(nós)*?

1. Hoje não vou sair _____ *(ela)*. Podem contar _____ *(eu)* para o cinema.

2. A Joana já falou _____ *(eu)* e logo à tarde vai falar _____ *(tu)*, Teresa.

3. – Quem é que vai _____ *(vocês)* no carro?

  – A Joana. A Teresa e o Paulo têm de ir _____ *(tu)*.

4. – Posso ir _____ *(você)* às compras, mãe?

  – Podes. Então o teu pai já não precisa de vir _____ *(nós)*.

5. – Lembram-se da conversa que tive _____ *(os senhores)*?

  – Sim, mas também me lembro que não concordámos _____ *(a senhora)*.

APRESENTAÇÃO 3

Ao telefone

- Está lá? É de casa de …?
- Não, não. É engano.
- Desculpe.
- Não faz mal. Com licença.

- Estou sim?
- Está? Donde é que fala, por favor?
- Fala do 217940448.
- A Ana está?
- É a própria. Quem fala?

- A Lemos, Lda., bom dia.
- Bom dia. É possível falar com o Dr. Lemos, por favor?
- O Dr. Lemos não pode atender neste momento. Quer deixar recado?
- Diga-lhe que telefonaram da parte do Dr. Figueira.
- Muito bem. Bom dia e com licença.

ORALIDADE 7 🔘135

A

Você vai ligar para a escola e pede para falar com a Dra. Madalena, a professora de Português.

Recepcionista: _____ , _____ .

Você: _____ , _____ ?

Recepcionista: Neste momento não está. _____ ?

Você: _____ .

Recepcionista: Com certeza. _____ e _____ .

Você: _____ .

B

Agora vai telefonar para casa do João e convida-o para ir ao cinema.

João: _____ ?

Você: _____ ? _____ ?

João: _____ . _____ ?

Você: _____ . _____ ao cinema

_____ ?

João: Claro! Como é que combinamos?

Você: _____ . _____ ?

João: O.K.. Então até logo.

Você: _____ .

C

Você quer telefonar para casa do Diogo, mas engana-se no número.

A: Estou sim?

Você: _____ ? _____ ?

A: Aqui não mora nenhum Diogo!

Você: _____ ?

A: Fala do 213533733.

Você: _____ . _____ .

A: _____ . _____ .

Grande Auditório
Parque de Exposições de Braga
15 de Setembro 21h45

É SÓ RIR!!!!!

REVISTA À PORTUGUESA

TEXTO

A revista à portuguesa é essencialmente um espectáculo cómico e, ao mesmo tempo, uma sátira social. É, pois, necessário estar a par da situação política do país para perceber determinados números.

Muitos estrangeiros têm dificuldade em compreender certas piadas, não só por causa do tipo de linguagem, mas também porque não conhecem bem as figuras caricaturadas.

Ontem à noite o Diogo e os amigos foram à estreia duma revista no Parque Mayer. Foi a primeira vez que a Ângela assistiu a um espectáculo deste tipo. À saída, o Diogo perguntou:

Diogo: Então, gostaram?
Joana: Eu gostei imenso.
Ricardo: Ri-me tanto que até me dói a barriga. E tu, Ângela?
Ângela: Gostar, gostei. Mas não percebi nem metade.
Teresa: Deixa lá! Para a próxima, vamos antes ao teatro.

GRUPO CÉNICO VASCO SANTANA
DA
ASSOCIAÇÃO RECREATIVA DE ALFAMA
APRESENTA
REVISTA À PORTUGUESA
"AQUI HÁ FANTASMAS"
10 de Julho de 2009
21.00 Horas

VAMOS LÁ ESCREVER!

COMPREENSÃO

1. Que tipo de espectáculo é a revista à portuguesa?

2. Porque é que os estrangeiros têm, geralmente, dificuldade em compreender alguns números?

3. Onde é que o Diogo e os amigos foram ontem à noite?

4. O que é que o Ricardo achou do espectáculo? Justifique com uma frase do texto.

5. E qual foi a opinião da Ângela?

14

ESCRITA 1

Exemplo: Ângela / assistir / revista à portuguesa
Foi a primeira vez que _a Ângela assistiu a uma revista à portuguesa_.

1. Paulo / partir / braço
Foi a primeira vez que _____

2. nós / provar / comida indiana
Foi a primeira vez que _____

3. Luís / beber / champanhe
Foi a primeira vez que _____

4. eu / ir / Tailândia
Foi a primeira vez que _____

5. elas / estar / estrangeiro
Foi a primeira vez que _____

ESCRITA 2

Composição guiada.

1. Teresa / estar / contente / porque / hoje / fazer anos /.

_____

2. (Eles) / combinar / encontrar-se / ela / café / 19:00.

_____

3. (Eles) / ir / todos / táxi / Parque Mayer.

_____

4. Primeiro / comer / pequeno / restaurante / Parque.

_____

5. Depois / jantar / dirigir-se / então / teatro.

_____

SUMÁRIO

Competências comunicativas

Dar ênfase	«Ri-me tanto que até me dói a barriga.»
Expressar simpatia	«Ainda bem.»
	«Deixa lá.»
Falar de acções passadas	«(…) o que é que o médico te disse?»
Marcar encontros	«Encontramo-nos às nove no café.»
Usar o telefone	«Está lá? É de casa do Ricardo?»
	«Sim, sim. É o próprio. Quem fala?»

Vocabulário

Nomes e adjectivos:

o aparelho	o engano	o Parque Mayer	social (adj.)
a barriga	a estreia	a piada	a Tailândia
caricaturado (adj.)	a figura	político (adj.)	o teatro
o champanhe	indiano (adj.)	o próprio	o telefone
cómico (adj.)	a linguagem	o recado	o tipo
a comida	necessário (adj.)	a revista (à portuguesa)	
a conversa	o número	a saída	
determinado (adj.)	os óculos	a sátira	

Expressões:

Ainda bem!	deixar recado	Está lá?	O.K.
Com licença!	É engano.	estar a par (de)	ser necessário
…da parte de	É o próprio.	Estou (sim)?	
Deixa lá!	É verdade!	ir ter (a)	

Verbos:

ajudar	comemorar	enganar-se (em)	rir-se
atender	contar com	ligar (para)	
combinar	encontrar-se (com)	provar	

Acham que se pode tomar banho?

Áreas gramaticais / Estruturas

Pretérito perfeito simples:
- fazer, querer

Frases exclamativas:
- Que… tão…!

«se» apassivante

Advérbios: • praticamente
Preposições: • sobre

D
I
Á
L
O
G
O

Joana: Isto aqui é mesmo bonito, não é?

Diogo: Que sítio tão maravilhoso! Fizemos bem em escolher este lugar.

Ângela: A água é tão limpinha! Acham que se pode tomar banho?

Diogo: É claro que se pode. O rio aqui não é perigoso e nesta altura do ano a água não deve estar nada fria.

Ângela: Que pena! Não trouxemos os fatos de banho nem nada!

Diogo: Eu bem quis trazer o meu...

Joana: Não faz mal. Fica para amanhã. Vamos antes alugar um barco e dar uma volta

Ângela: Boa ideia. Devem ser uma maravilha!

Vamos lá falar!

Oralidade 1

138

Exemplo: – Falaram com eles?
– *Falámos*.

1. – Saíste com ela?

– _____ .

2. – Trouxeste o fato-de-banho?

– _____ .

3. – Ficaste em casa?

– _____ .

4. – O senhor foi à reunião?

– _____ .

5. – Disseste-lhe?

– _____ .

6. – Esteve doente, D. Laura?

– _____ .

7. – Comeram tudo?

– _____ .

8. – Teve um bom fim-de-semana, senhor doutor?

– _____ .

9. – Foram ao cinema, meninos?

– _____ .

10. – Enviou o e-mail, D. Cristina?

– _____ .

15

APRESENTAÇÃO 1   A

Pretérito perfeito simples

	fazer	
(eu)	**fiz**	
(tu)	**fiz**	**este**
(você, ele, ela)	**f<u>e</u>z**	
(nós)	**fiz**	**emos**
(vocês, eles, elas)	**fiz**	**eram**

APRESENTAÇÃO 1   B

Pretérito perfeito simples

	querer	
(eu)	**quis**	
(tu)	**quis**	**este**
(você, ele, ela)	**quis**	
(nós)	**quis**	**emos**
(vocês, eles, elas)	**quis**	**eram**

ORALIDADE 2 🔘139

1. Eu fiz
2. Tu fizeste
3. Você fez
4. Ele fez
5. Ela fez
6. Nós fizemos
7. Vocês fizeram
8. Eles fizeram
9. Elas fizeram

ORALIDADE 3 🔘140

1. Eu quis
2. Tu quiseste
3. Você quis
4. Ele quis
5. Ela quis
6. Nós quisemos
7. Vocês quiseram
8. Eles quiseram
9. Elas quiseram

ORALIDADE 4 🔘141

1. – Olha o que _____ ! Está tudo sujo.

   – Eu!?! Eu não _____ nada. *(fazer)*

2. – Eu bem _____ trazer o fato-de-banho.

   – Não _____ , não senhor. *(querer)*

3. – _____ alguma coisa para o lanche, mãe?

   – _____ um bolo de chocolate. *(fazer)*

4. – Porque é que vocês não _____ vir connosco?

   – Nós _____ , mas não tivemos tempo. *(querer)*

5. – Já _____ os exercícios todos, meninos?

   – Não, ainda só _____ os dois primeiros. *(fazer)*

ORALIDADE 5 142

1. Ela _____ anos no sábado passado.

2. Eles _____ a festa no jardim.

3. Nós _____ mostrar as ilhas à Ângela.

4. O que é que _____ no fim-de-semana, Ricardo?

5. Eles não _____ falar sobre o assunto.

ORALIDADE 6 143

1. Este bebé é muito bonito.
   _____ .

2. Esse romance é muito interessante.
   _____ .

3. O dia hoje está muito feio.
   _____ .

4. O empregado foi muito antipático.
   _____ .

5. Este jogo é muito giro.
   _____ .

6. Esta laranja é muito amarga.
   _____ .

7. Este bolo é muito bom.
   _____ .

8. O filme foi muito mau.
   _____ .

9. A festa está muito animada.
   _____ .

10. A representação foi muito fraca.
    _____ .

APRESENTAÇÃO 2

Frases exclamativas

Que + substantivo + **tão** + adjectivo + **!**
Que   sítio   tão   maravilhoso!

APRESENTAÇÃO 3

se apassivante

<u>As pessoas podem</u> tomar banho aqui?

<u>Pode-se</u> tomar banho aqui?

ORALIDADE 7 144

1. No Norte **as pessoas bebem** muito vinho.

   No Norte _____ muito vinho.

2. Em Portugal **as pessoas tomam** normalmente café depois das refeições.

   Em Portugal _____ normalmente café depois das refeições.

3. Na reunião **as pessoas falaram** de tudo um pouco.

   Na reunião _____ de tudo um pouco.

4. Em Portugal **as pessoas vêem** muito televisão.

   Em Portugal _____ muito televisão.

5. No Natal **as pessoas comem** bacalhau cozido na consoada.

   No Natal _____ bacalhau cozido na consoada.

TEXTO

O Diogo e os amigos aproveitaram o fim-de-semana prolongado e resolveram dar uma volta pelo centro de Portugal.

Foram até à cidade de Tomar visitar o Convento de Cristo e depois subiram a serra em direcção à Ilha do Lombo. Ficaram hospedados na estalagem da ilha que tem uma boa piscina, um ambiente agradável e uma ementa deliciosa.

A Ilha do Lombo é pequena e fica bem no meio do rio Zêzere. A estalagem, rodeada por árvores, ocupa praticamente toda a ilha. Para chegar até lá, apanha-se o barco que faz carreira de hora a hora.

VAMOS LÁ ESCREVER!

COMPREENSÃO

1. O que é que o Diogo e os amigos fizeram durante o fim-de-semana prolongado?

_____

2. Que locais é que eles visitaram?

_____

3. Onde é que passaram a noite?

_____

4. Como é a estalagem?

_____

5. Como é que se vai para lá?

_____

ESCRITA 1

Exemplo: vocês / fazer / ontem — *O que é que vocês fizeram ontem*?

ir ao cinema — *Fomos ao cinema*.

1. eles / fazer / em Tomar — _____ ?

visitar o Convento de Cristo — _____ ?

2. Joana / fazer / ontem à tarde — _____ ?

tomar banho na piscina — _____ ?

3. tu / fazer / durante a manhã — _____ ?

ir dar uma volta pela ilha — _____ ?

4. vocês / fazer / ontem à noite — _____ ?

ver o filme da televisão — _____ ?

5. o senhor / fazer / no fim-de-semana — _____ ?

ficar em casa a descansar — _____ ?

ESCRITA 2

A Joana enviou um e-mail aos avós a contar o que fez durante o fim-de-semana prolongado.

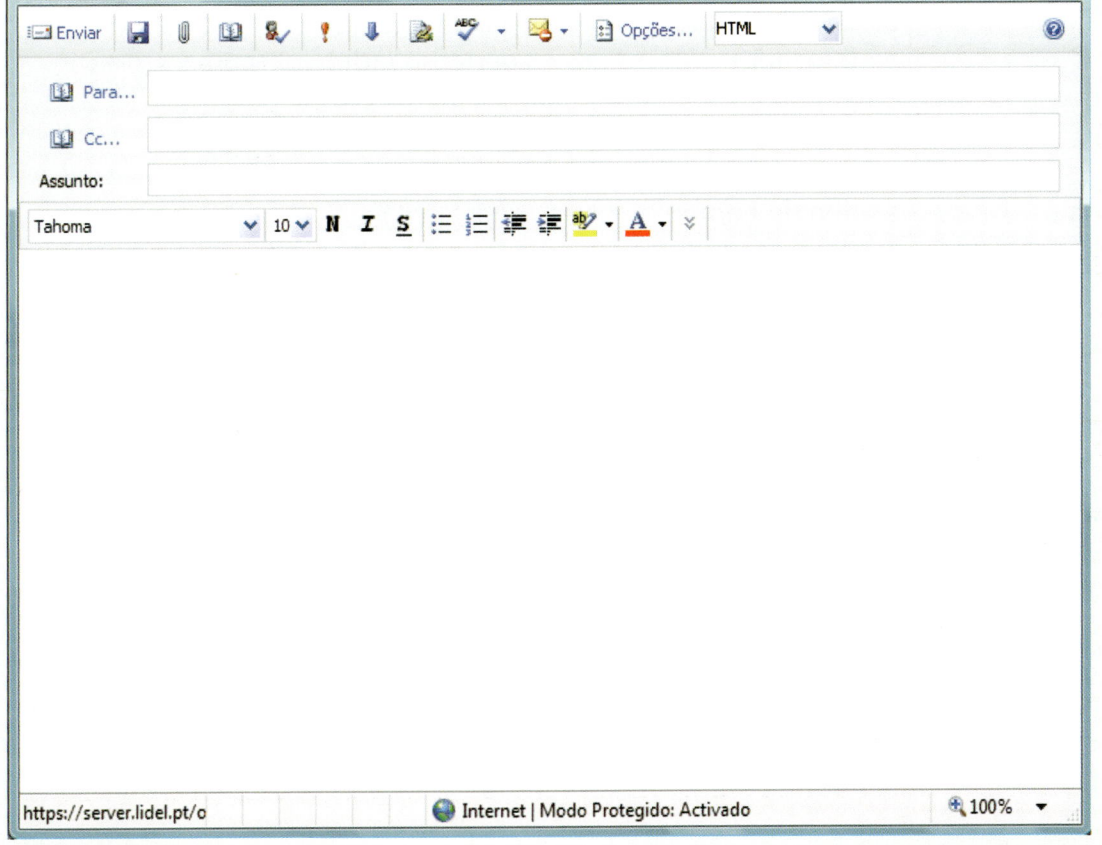

SUMÁRIO

Competências comunicativas

Deduzir		«Devem ser uma maravilha!»
Expressar	agrado	«Que sítio tão maravilhoso!»
	desagrado	«Que dia tão feio!»
	pesar	«Que pena!»
Falar de acções	impessoais	«Acham que se pode tomar banho?»
		«(…) apanha-se o barco (…)»
Falar de acções	passadas	«O que é que vocês fizeram ontem?»

Vocabulário

Nomes e adjectivos:

	agradável (adj.)		delicioso (adj.)	o	lugar		rodeado (adj.)
	amargo (adj.)	a	direcção		maravilhoso (adj.)	a	serra
o	ambiente	a	ementa	o	meio		sujo (adj.)
	animado (adj.)	a	estalagem	o	neto		Tomar
	antipático (adj.)	o	fato de banho		passado (adj.)	o	Zêzere
a	árvore		feio (adj.)		perigoso (adj.)		
o	beijinho		giro (adj.)	a	piscina		
a	carreira		hospedado (adj.)		prolongado (adj.)		
o	centro	a	ilha		querido (adj.)		
a	consoada	a	Ilha do Lombo	a	representação		
O	Convento de Cristo		limpinho (adj.)	o	rio		

Expressões:

Boa ideia	fazer bem em	… nem nada.	Um beijinho de…
… de hora a hora.	fazer carreira	passar a noite	
… de tudo	ficar hospedado	Que pena!	
um pouco.	ir em direcção a	tomar banho	

Verbos:

alugar	escolher	ocupar	subir
descansar			

I – Complete com:

A	B	C
cheque	comprimido	aulas
mensalidade	consulta	curso
quantia	consultório	escola
saldo	Doutor	salas
	médico	turma

A

Depois de verificar o _____, passou um _____ na _____ de 90€
para pagar a _____ da escola.

B

O Ricardo tem de ir ao _____ . Já tomou um _____, mas não lhe passaram as
dores. A mãe ligou para o _____ e marcou uma _____ para o _____
Silva.

C

O Ivan está a tirar um _____ de Língua e Cultura Portuguesa. A _____ dele é
moderna e as _____ de aula são grandes. Gosta muito das _____ de História.
É um dos melhores alunos da _____ .

II – Complete com os pronomes pessoais:

1. _____ ontem deitámo-_____ tardíssimo.

2. Os avós da Joana mandaram-_____ um e-mail.

3. _____ nunca _____ lembro do nome dessa rua.

4. Temos de estar no café às três. O Diogo vai encontrar-_____ lá _____ .

5. _____ recebeu o dinheiro e guardou-_____ na mala.

III – Complete com:

A		B		C	
	a		com		a
estar	com	ficar	de	ir	com
	em		em		de
			para		para

A

1. Estou _____ tanto sono! Vou-me já deitar.

2. Nós estivemos _____ estudar toda a tarde.

3. Foi a primeira vez que a Ângela esteve _____ Tomar.

B

1. Ontem não saí. Fiquei _____ casa.

2. Leu tanto que ficou _____ dores de cabeça.

3. Hoje já não tivemos tempo para visitar o castelo. Fica _____ amanhã.

4. A Joana ficou _____ cama durante o fim-de-semana. Esteve com gripe.

C

1. Quem é que vai _____ vocês no carro?

2. Ele foi viver _____ Moçambique.

3. Eles foram _____ táxi para o Parque Mayer.

4. O Diogo e a Joana vão sempre almoçar _____ casa.

IV – Ligue as frases. Faça alterações, se necessário.

Exemplo: Não posso sair. Tenho de estudar. *(porque)*
            Não posso sair, porque tenho de estudar.

1. Ri-me muito. Dói-me a barriga. *(que)*
_____

2. A mãe faz o jantar. A Joana põe a mesa. *(enquanto)*
_____

3. Estou muito cansado. Vou já dormir. *(que)*
_____

4. Eles estiveram em Tomar. Foram visitar o convento. *(quando)*
_____

5. O Luís dá uma festa para os amigos. Ele faz anos. *(sempre que)*
_____

V – Qual a expressão correcta?

Ainda bem	**Não faz mal**
Coitado	**Não tem de quê**
Com licença	**Que pena**
Estou sim	**Que tal**
Isso é que é preciso	**Sem dúvida**

1. – _____ ? Gostas do meu vestido novo?

– É muito giro.

2. – Peço imensa desculpa pelo atraso, Diogo.

– _____, Ângela.

3. – O senhor ajudou-me bastante. Muito obrigado.

– _____ .

4. – Já estou melhor do braço.

– _____ !

5. – Está? É da casa da Joana?

– Não, não. É engano.

– Desculpe. _____ .

6. – A água está mesmo boa.

– _____ ! Não trouxemos os fatos-de-banho.

7. – Podemos tirar umas ideias interessantes da exposição.

– Sim, _____ .

8. – O que é que aconteceu ao Ricardo?

– Caiu do escadote e partiu o braço.

– _____ ! Teve mesmo azar.

9. – Já não tenho dores, senhor doutor.

– Óptimo! _____ .

10. – _____ ?

– Donde é que fala, por favor?

VI – O que é que a Teresa fez no fim-de-semana?

	sábado	domingo
manhã	• acordar às 09:00 • ir às compras com a mãe	• dormir até ao meio-dia
tarde	• ler o jornal	• fazer arrumações no quarto
noite	• ouvir música • sair com amigos	• falar com amigos na net • ver televisão • deitar-se cedo

No sábado de manhã, a Teresa _____

_____

_____

_____

_____

_____

_____

Por onde é que vieram?

Áreas gramaticais / estruturas

Pretérito perfeito simples:
- vir

Preposições:
- para, por

Conjugação perifrástica:
- haver de + infinitivo

DIÁLOGO 146

D. Cristina: Fizeram boa viagem, meninos?

Diogo: Estamos um bocado cansados. Eu principalmente, que vim a conduzir o caminho todo.
Apanhámos muito trânsito, mas correu tudo bem.

D. Cristina: Gostaste do passeio, Ângela?

Ângela: Adorei. Havemos de fazer isto mais vezes.

D. Cristina: Na próxima vão mais para norte. Há lugares tão bonitos como esse.

Sr. Viana: Por onde é que vieram?

Joana: Viemos pela estrada nacional até Santarém.

Sr. Viana: Por aí a paisagem é mais agradável, mas a estrada é pior.

Diogo: Pois é, pai. Mas foi para a Ângela conhecer o interior. Agora só quero é ir dormir.

VAMOS LÁ FALAR!

ORALIDADE 1 147

Exemplo:
– Fizeram boa viagem?
– *Fizemos*.

1. – Amanhã trazes-me o livro?
– _____ .

2. – Vais almoçar a casa?
– _____ .

3. – Gostaram do passeio, meninos?
– _____ .

4. – Teve muito trabalho, mãe?
– _____ .

5. – Trouxeste o jornal?
– _____ .

6. – Consegues fazer o exercício?
– _____ .

7. – Pedes o carro ao pai?
– _____ .

8. – Podes sair logo à noite?
– _____ .

9. – Vocês comem em casa hoje?
– _____ .

10. – Fez o que eu lhe pedi, D. Cristina?
– _____ .

APRESENTAÇÃO 1

Pretérito perfeito simples
vir

(eu)	**vim**
(tu)	**vieste**
(você, ele, ela)	**veio**
(nós)	**viemos**
(vocês, eles, elas)	**vieram**

ORALIDADE 2 148

1. Eu vim
2. Tu vieste
3. Você veio
4. Ele veio
5. Ela veio
6. Nós viemos
7. Vocês vieram
8. Eles vieram
9. Elas vieram

ORALIDADE 3 (149)

1. – Como é que vocês _____ ?
   – _____ de carro.
2. – _____ sozinha para casa, Joana?
   – Não. _____ com o Ricardo.
3. – Porque é que não _____ trabalhar ontem, D. Cristina?
   – Não _____, porque estive doente.
4. – O Luís _____ a pé?
   – Não. _____ de bicicleta.
5. – Os pais dele _____ de comboio?
   – Não. _____ de camioneta.

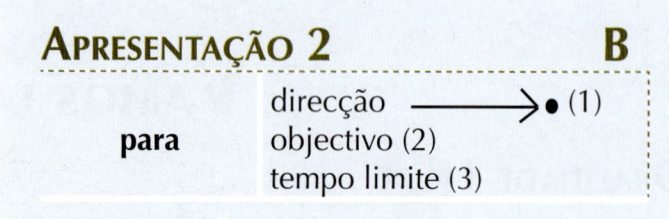

APRESENTAÇÃO 2   **A**

		através de →●→ (1)
	local	perto de →●→ (2)
por	tempo	época (3)
		horas (4)
	meio (5)	
	motivo (6)	
	troca (7)	

ORALIDADE 4 (150)

1. Eles vieram **pela** ponte e depois **pela** auto-estrada.
2. Esse autocarro passa **por** minha casa.
3. Os avós do Diogo vêm sempre a Portugal **pela** Páscoa.
4. Ela deve chegar **pelas** cinco da tarde.
5. Vou mandar o livro **pelo** correio.
6. Ela está em casa **por** doença.
7. Ele pagou 215€ **pelo** arranjo do carro.

APRESENTAÇÃO 2   **B**

	direcção ——→● (1)
para	objectivo (2)
	tempo limite (3)

ORALIDADE 5 (151)

1. Esta camioneta vai **para** Tomar.
2. A Ângela está a tirar um curso **para** aprender espanhol.
3. Preciso do relatório pronto **para** amanhã, D. Cristina.

ORALIDADE 6 (152)

1. _____ ir até Tomar, o senhor segue sempre _____ esta estrada.
2. Ele escreve _____ prazer e não _____ necessidade.
3. O Diogo veio _____ estrada nacional e depois _____ auto-estrada.
4. Pagámos 62,50€ _____ almoço.
5. A avenida passa _____ praia.
6. Os pais da Ângela vêm a Portugal _____ visitar a filha.
7. Os tios da Joana vêm sempre a Lisboa _____ Natal.
8. O Sr. Viana precisa do carro pronto _____ o meio-dia.
9. O comboio _____ o Porto parte às 20:30. O Dr. Lemos deve chegar ao hotel _____ meia-noite.
10. Mandei a carta _____ correio azul _____ chegar mais depressa.

Apresentação 3

Futuro - intenção / convicção		
haver de + infinitivo		
(eu)	**hei-**	
(tu)	**hás-**	fazer
(você, ele, ela)	**há-** de	ir
(nós)	**havemos**	saber
(vocês, eles, elas)	**hão-**	

Oralidade 7

1. Eu **hei-de** falar com ele.
2. Tu **hás-de** ir comigo a Goa.
3. Ele **há-de** saber o que aconteceu.
4. Nós **havemos de** fazer isso mais vezes.
5. Eles **hão-de** voltar à Ilha do Lombo.

Oralidade 8

1. – Já leste este livro?
  – Não, mas _____ .

2. – Já falaram com ele?
  – Ainda não, mas _____ .

3. – Nunca fui a Tomar.
  – Deixa lá. Um dia _____ .

4. – Ele já sabe o que aconteceu?
  – Ainda não, mas _____ .

5. – Os pais dela já vieram a Portugal?
  – Não, mas _____ .

6. – Já conseguiu abrir a janela?
  – Está difícil, mas _____ .

Texto

O Diogo, a Joana e a Ângela já estão de volta. Chegaram um pouco antes do jantar. O Diogo guiou todo o caminho e chegou tão cansado que nem quis comer nada – foi-se logo deitar. A Joana e a Ângela ainda ficaram a conversar com os pais sobre a viagem. A Ângela, principalmente, adorou o passeio.

Ângela: Fiquei encantada com todos os lugares por onde passámos. Os meus pais vêm cá pela Páscoa e hei-de ir lá com eles.

Vamos lá escrever!

Compreensão

1. Quando é que eles chegaram?
_____

2. Porque é que o Diogo se foi logo deitar?
_____

3. Com quem é que a Joana e a Ângela ficaram a conversar? Sobre o quê?

_____

4. O que é que a Ângela disse do passeio?

_____

5. A Ângela tenciona voltar lá? Com quem?

_____

Escrita 1

· ·

Escreva uma nova frase com o mesmo sentido da anterior. Utilize uma palavra/expressão do quadro:

adorar	**correr bem**
chegar	haver de
conduzir	ir para a cama

1. Não tivemos nenhum problema.

Correu tudo bem _____ .

2. Tenciono voltar a Tomar com os meus pais.

_____ .

3. Eles gostaram muito do passeio.

_____ .

4. O Diogo, a Joana e a Ângela já estão de volta.

_____ .

5. O Diogo guiou todo o caminho.

_____ .

6. Vou-me já deitar.

_____ .

Escrita 2

· ·

Exemplo: Eles estiveram a conversar <u>sobre a viagem</u>.
            <u>Sobre o que é que eles estiveram a conversar</u>?

1. Nós viemos <u>pela auto-estrada</u>.

_____ ?

2. Eles foram sair <u>com os amigos</u>.

_____ ?

3. Preciso do carro pronto <u>para as três horas</u>.

_____?

4. Ela comprou o casaco <u>por 174,90€</u>.

_____?

5. Esse comboio vai <u>para o Porto</u>.

_____?

SUMÁRIO

Competências comunicativas

Dar ênfase		«(…) só quero é ir dormir.»
Expressar agrado		«Adorei.» «Fiquei encantado com todos os lugares…»
Expressar	intenção	«Eu hei-de falar com ele.»
	convicção	«Ele há-de saber o que aconteceu.»
Falar de acções passadas		«Mas correu tudo bem.»
Perguntar	o trajecto	«Por onde é que vieram?»
Indicar		«Viemos pela estrada nacional até Santarém.»

Vocabulário

Nomes e adjectivos:

o	arranjo		encantado (adj.)	a	praia	o	trânsito
a	auto-estrada	a	estrada	o	prazer		
o	correio	a	necessidade	o	relatório		
a	doença	a	ponte		Santarém		

Expressões:

correio azul	estar de volta	ficar encantado (com)	um bocado
correr bem			

Verbos:

adorar	conversar (sobre)	haver de	tencionar
conduzir	guiar		

Unidade 17

Então hoje não houve aulas, hem?

Áreas gramaticais / estruturas

Pretérito perfeito simples:
- haver (forma impessoal), saber

Pronomes pessoais complemento directo e indirecto:
- nos, vos, os, as, lhes

Advérbios:	• afinal
Conjunções:	• contudo
Locuções adverbiais:	• a sério
Locuções prepositivas:	• a partir de, antes de, ao pé de

D I Á L O G O

Diogo: Então hoje não houve aulas, hem!
Ângela: Pois não. Tivemos uma visita de estudo. Como é que soubeste?
Diogo: Disse-me o Ivan, o teu amigo ucraniano. Estive mesmo agora com ele no café.
Joana: Afinal, aonde é que foram?
Ângela: Ao Museu Rafael Bordalo Pinheiro. Fomos com a nossa professora e ela falou-nos da história do museu e da obra do artista.
Joana: Ah! É muito giro, não é?
Ângela: É, é. É giríssimo. O pior é que agora tenho de fazer uma composição sobre o que lá vi.

Vamos lá falar!

Oralidade 1
157

Exemplo: – Foste ao museu, não foste?
– *Fui, fui.*

1. – Vieste a pé, não vieste?
– _____, _____ .

2. – A senhora é do Porto, não é?
– _____, _____ .

3. – Estás muito cansado, não estás?
– _____, _____ .

4. – Viste este filme, não viste?
– _____, _____ .

5. – Sabe falar alemão, não sabe?
– _____, _____ .

6. – Já lhe deu o recado, não deu?
– _____, _____ .

Apresentação 1

Pretérito perfeito simples
haver
forma impessoal: **houve**

Oralidade 2
158

1. Hoje não **houve** aulas.
2. Ontem **houve** um acidente ao pé da escola.
3. Não **houve** problemas com o exercício?
4. Na semana passada **houve** uma reunião de professores.
5. Hoje de manhã **houve** uma avaria no metro.

17

APRESENTAÇÃO 2

	Pretérito perfeito simples saber	
(eu)		**e**
(tu)		**este**
(você, ele, ela)	**soub**	**e**
(nós)		**emos**
(vocês, eles, elas)		**eram**

ORALIDADE 3   🔘 159

1. Eu soube
2. Tu soubeste
3. Você soube
4. Ele soube
5. Ela soube

6. Nós soubemos
7. Vocês souberam
8. Eles souberam
9. Elas souberam

ORALIDADE 4   🔘 160

1. – _____ do acidente do Ricardo, Inês?

– Não, não _____ de nada.

2. – Como é que vocês _____ que eu hoje não tive aulas?

– _____ pelo Ivan.

3. – _____ fazer isso tudo, D. Cristina?

– _____ sim, senhor doutor.

4. – Quem é que _____ resolver o exercício?

– _____ todos.

5. – Vocês _____ o que aconteceu?

– _____ .

APRESENTAÇÃO 3

	Pronomes pessoais complemento	
	directo	**indirecto**
(nós)	**nos**	**nos**
(vocês)	**vos**	**vos**
(os senhores) (as senhoras) (eles) (elas)	**os, as**	**lhes**

ORALIDADE 5   🔘 161

1. – O que é que _____ apetece beber, meninos?

– Apetece-_____ um sumo bem fresco.

2. – Posso fazer-_____ uma pergunta, meus senhores?

– Com certeza.

3. – Já não temos transporte. Podes levar-_____ a casa?

– Está bem. Eu levo-_____ .

4. – A Teresa convidou-_____, mas eles não quiseram ir.

5. – Eu já _____ chamei, mas as senhoras não me ouviram.

6. – Não fomos, porque ninguém _____ disse nada.

7. – Já não sei dos bilhetes. Perdi-_____ com certeza.

8. – Enviei-_____ uma mensagem, mas eles ainda não me responderam.

9. – Vocês não me viram, mas eu vi-_____ .

10. – Podes levar as revistas. Já _____ li.

TEXTO

Rafael Bordalo Pinheiro (1846 – 1905) foi uma figura importante no meio cultural e artístico lisboeta do século XIX, com uma obra variada no campo das artes plásticas, das artes gráficas e da cerâmica. No entanto, foi principalmente como caricaturista que Rafael Bordalo Pinheiro ficou célebre. Primeiro começou a fazer caricaturas apenas para divertir os amigos. Estas, contudo, tiveram tanto êxito que, a partir de 1874, o artista decidiu dedicar-se a sério à carreira de caricaturista.

As figuras que criou exerceram uma acção crítica e pedagógica sobre a sociedade contemporânea. De entre todas, o Zé Povinho, símbolo do povo português, é sem dúvida a mais famosa.

VAMOS LÁ ESCREVER!

COMPREENSÃO

1. Quem foi Rafael Bordalo Pinheiro?

_____

2. Em que ano é que ele morreu?

_____

3. Em que campo é que ficou célebre?

_____

4. A partir de quando é que se dedicou a sério à caricatura? Porquê?

_____

5. Qual é a figura mais famosa do artista? O que é que ela representa?

_____

ESCRITA 1

Exemplo: Eles foram <u>ao Museu Rafael Bordalo Pinheiro</u>.
A que museu é que eles foram?

1. A professora falou <u>sobre a vida e obra do artista</u>.

_____?

2. Ele morreu <u>no século xx</u>.

_____?

3. Ele dedicou-se principalmente <u>à carreira de caricaturista</u>.

_____?

4. <u>A partir de 1884</u> dedicou-se também à cerâmica.

_____?

5. Eles gostaram muito <u>da figura do Zé Povinho</u>.

_____?

ESCRITA 2

Complete com verbos na forma correcta.

Santa Cruz Magalhães _____ *(ser)* um grande admirador de Rafael

Bordalo Pinheiro. Durante anos _____ *(reunir)* as obras deste artista e

_____ *(guardar)*-as em casa. Com elas _____ *(fazer)*

no 1.º andar um museu que mais tarde _____ *(abrir)* ao público. Antes de

_____ *(morrer)*, _____ *(oferecer)*-o à cidade de

Lisboa.

Assim _____ *(nascer)* o Museu Rafael Bordalo Pinheiro.

SUMÁRIO

Competências comunicativas	
Concordar, reforçando	«É, é. É giríssimo.»
Expressar admiração	«Mas como é que soubeste?»
Expressar agrado	«É muito giro, não é?»
Falar de acções passadas	«Ontem houve um acidente ao pé da escola.»
Gracejar	«Então hoje não houve aulas, hem!»

Vocabulário

Nomes e adjectivos:

a acção	célebre (adj.)	a mensagem	a sociedade
o admirador	a cerâmica	o Museu Rafael	o transporte
a arte < plástica / gráfica	a composição	Bordalo Pinheiro	ucraniano
	contemporâneo (adj.)	a obra	variado (adj.)
o artista	crítico (adj.)	pedagógico (adj.)	a visita (de estudo)
artístico (adj.)	cultural (adj.)	o povo	o Zé Povinho
a avaria	o êxito	o público	
a caricatura	importante (adj.)	o século	
o caricaturista	lisboeta (adj.)	o símbolo	

Expressões:

exercer acção (sobre)	ter êxito		

Verbos:

criar	exercer	oferecer	responder
dedicar-se (a)	morrer	representar	reunir
divertir			

Unidade 18

Não me atires areia!

Áreas gramaticais / Estruturas

Imperativo - forma negativa

Pretérito perfeito simples:
- dar

Locuções
prepositivas:
- fora de, perto de

DIÁLOGO

163

Joana: Está quieto, Luís! Não me atires areia!
Ângela: Ufa! Está cá um calor! Nem sei como é que consegues estar aí deitada.
Joana: Já percebi. Queres companhia para tomar banho.
Luís: Embora! Vamos todos ao banho.
Joana: Vão, vão. Eu fico aqui a apanhar sol.
Luís: Ó Diogo, já deste mergulhos dali, daquela rocha?
Diogo: Já, mas nem penses nisso. És muito pequeno.
Ângela: Anda, Luís. Traz o colchão.

VAMOS LÁ FALAR!

ORALIDADE 1

164

Exemplo: _____ o colchão, Luís. *(trazer)*
Traz o colchão, Luís.

1. _____ o chapéu, Joana. *(pôr)*
2. _____ dinheiro ao vosso pai. *(pedir)*
3. _____-me as vossas toalhas. *(dar)*
4. _____ o fato de banho, mãe. *(vestir)*
5. _____ quietos! *(estar)*
6. _____ o chapéu-de-sol, meninos. *(levar)*
7. _____ todos tomar banho. *(vir)*
8. _____ o cesto para a praia. *(arranjar)*
9. _____ para a sombra. *(ir)*
10. _____ fruta. *(comer)*

APRESENTAÇÃO 1

Imperativo - forma negativa		
Verbos em -ar		
singular		plural
formal	informal	formal e informal
Não atire!	Não atires!	Não atirem!

N.B.: singular informal = **singular formal + s**

18 ORALIDADE 2 🔘 165

Exemplo: – Atira areia!
– Não *atires areia!*

1. Pensa nisso.

Não _____ .

2. Abra a janela, por favor.

Não _____ .

3. Traz o colchão.

Não _____ .

4. Senta-te à mesa.

Não _____ .

5. Convida-a para a festa.

Não _____ .

6. Façam esse exercício.

Não _____ .

7. Põe aí a pasta, Luís.

Não _____ .

8. Diz à Joana.

Não _____ .

9. Vê esse filme.

Não _____ .

10. Feche o chapéu-de-sol.

Não _____ .

APRESENTAÇÃO 2

	Pretérito perfeito simples <u>dar</u>
(eu)	**dei**
(tu)	**deste**
(você, ele, ela)	**deu**
(nós)	**demos**
(vocês, eles, elas)	**deram**

ORALIDADE 3 166

1. Eu dei
2. Tu deste
3. Você deu
4. Ele deu
5. Ela deu
6. Nós demos
7. Vocês deram
8. Eles deram
9. Elas deram

ORALIDADE 4 167

1. – O que é que _____ à sua amiga?

– _____-lhe uma pulseira giríssima.

2. – Quem é que me _____ estas flores?

– Acho que foram os avós que te _____ .

3. – Vocês _____ erros no ditado?

– Não _____ muitos.

4. – _____ uma volta pelos jardins, Ângela?

– _____ e gostei muito.

5. – Vocês já me deram o dinheiro dos bilhetes?

– Eu já _____ , mas ela ainda não te _____ .

ORALIDADE 5  168

Exemplo: – Arruma o quarto.
       – *Já o arrumei.*

1. – Façam as camas.

– _____ .

2. – Arrume o jornal.

– _____ .

3. – Contem ao Ricardo o que aconteceu ontem.

– _____ .

4. – Fala com o teu irmão.

– _____ .

5. – Guarda as revistas.

– _____ .

6. – Comprem os bilhetes.

– _____ .

7. – Escreve aos teus pais.

– _____ .

8. – Telefone ao Sr. Pinto.

– _____ .

9. – Liga a televisão.

– _____ .

10. – Convide os avós.

– _____ .

TEXTO

No Verão, a família Viana vai de férias para Tróia. Eles têm lá uma casa mesmo ao pé da praia.

Naqueles dias em que faz realmente calor, costumam ficar o dia todo na praia. Levam sandes, fruta e a geleira cheia de refrescos. A D. Cristina e o Sr. Viana preferem ficar sentados à sombra, debaixo do chapéu, mas a Joana gosta de se deitar ao sol para ficar bem queimada. O Diogo e o Luís estão mais tempo dentro do que fora de água e, quando o mar está calmo, vão a nadar até às outras praias.

No fim do dia, ao entardecer, dão um último mergulho e vão a pé para casa ainda molhados.

VAMOS LÁ ESCREVER!

COMPREENSÃO

1. Onde é que a família Viana passa as férias grandes?

_____

2. O que é que eles costumam fazer quando está muito calor?

_____

3. O que é que eles levam para a praia?

_____

4. O Diogo e o Luís gostam de tomar banho? Justifique com uma frase do texto.

_____

5. Quando é que eles voltam para casa?

_____

ESCRITA 1

Complete com o verbo **ficar** na forma correcta e com uma palavra / expressão do quadro:

à sombra na praia até ao entardecer
cansados perto da praia
muito queimada

1. A casa de férias _____ .

2. Quando vai para a praia, a D. Cristina prefere _____ .

3. Naqueles dias em que faz realmente calor, eles _____ .

4. A Joana esteve deitada ao sol e _____ .

5. O Diogo e o Luís nadaram até às outras praias e _____ .

ESCRITA 2

Conjugue os verbos no pretérito perfeito simples:

1. Quando _____ à praia, foram logo dar um mergulho. *(chegar)*

2. O Diogo e os irmãos _____ passar o dia na praia. *(resolver)*

3. Depois, a Joana _____ ao sol e o Diogo e o Luís _____ jogar à bola. *(deitar-se / ir)*

4. Ontem _____ muito calor. *(estar)*

5. Por isso, _____ cedo e, depois do pequeno-almoço, _____ umas sandes, frutas e bebidas para pôr no cesto. *(levantar-se / arranjar)*

ESCRITA 3

O que é que eles fizeram ontem?

Agora ponha as frases do exercício anterior na ordem correcta.

_____

_____

_____

_____

_____

_____

SUMÁRIO

Competências comunicativas

Dar ênfase	«Está cá um calor.»
	«Está quieto, Luís!»
Dar ordens	«Não me atires areia!»
	«(…) nem penses nisso.»
Dar uma sugestão	«Embora! Vamos todos ao banho.»
Expressar impaciência	«Ufa!»
Falar de acções passadas	«(…) já deste mergulhos dali (…)?»

Vocabulário

Nomes e adjectivos:

a areia	a companhia	o mar	a rocha
calmo (adj.)	deitado (adj.)	o mergulho	a sombra
o cesto	o ditado	molhado (adj.)	a toalha
o chapéu	o entardecer	a pulseira	Tróia
o chapéu-de-sol	a flor	queimado (adj.)	
o colchão	a geleira	o refresco	

Expressões:

à sombra	apanhar sol	Embora!	estar deitado
ao sol	dar mergulhos	Está cá um calor!	fazer calor

Verbos:

arrumar	costumar	nadar	pensar (em)
atirar			

Onde é que puseste o martelo e as cavilhas?

Áreas gramaticais / Estruturas

Pretérito perfeito simples:
- pôr

Pronomes pessoais complemento directo:
- lo(s), la(s), no(s), na(s)

Advérbios: • dentro

Ângela: Já foste comprar as pilhas para a lanterna?

Joana: Não, ainda não fui.

Ângela: Então não vás já. Ajuda-me primeiro a montar a tenda.

Joana: Onde é que puseste o martelo e as cavilhas?

Teresa: Vê aí na minha mochila. Acho que os pus lá dentro.

Joana: Temos de esticar bem as cordas por causa do vento.

Ângela: Estou a puxá-las com toda a força.

....

Teresa: Pronto. A tenda já está bem presa. Querem dar uma volta pelo parque de campismo?

Joana: Esperem aí. Vou só guardar a minha mochila.

Vamos lá falar!

ORALIDADE 1 171

Exemplo: – Já guardaste o martelo?
    – *Não, ainda não guardei*.
    – *Então não o guardes já*. Vou precisar dele.

1. – Já esticaram as cordas?

– _____ .

– _____ . Fechem primeiro a tenda.

2. – Já arrumaste a mochila?

– _____ .

– _____ . Preciso de tirar a carteira.

3. – Já leram as instruções?

– _____ .

– _____ . Ajudem-me aqui primeiro.

4. – Já fizeste o café?

– _____ .

– _____ . Arranja primeiro as sandes.

5. – Já viu esse filme?

– _____ .

– _____ . Leia primeiro o livro.

APRESENTAÇÃO 1

	Pretérito perfeito simples p**ô**r
(eu)	**pus**
(tu)	**puseste**
(você, ele, ela)	**p**<u>**ô**</u>**s**
(nós)	**pusemos**
(vocês, eles, elas)	**puseram**

ORALIDADE 2 · 172

1. Eu pus
2. Tu puseste
3. Você pôs
4. Ele pôs
5. Ela pôs
6. Nós pusemos
7. Vocês puseram
8. Eles puseram
9. Elas puseram

ORALIDADE 3 · 173

1. – Onde é que tu _____ o martelo?
  – Acho que o _____ na minha mochila.

2. – _____ tudo no saco, meninos?
  – _____ .

3. – Eles _____ os casacos e saíram.

4. – A senhora _____ as cartas em cima da minha secretária?
  – _____, sim.

5. – A Ângela _____ a mochila às costas e foi-se embora.

ORALIDADE 4 · 174

1. Vou ve**r os meus amigos.**
   Vou vê-**los.**
2. Tu paga**s a conta.**
   Tu paga-**la.**
3. Ela tra**z o carro.**
   Ela trá-**lo.**

N.B.:
4. Ele quer **a caneta.**
   Ele quer**e-a.**
5. Tu tens **o meu livro.**
   Tu te**m-lo.**

APRESENTAÇÃO 2   A

Formas verbais terminadas em:	Pronomes pessoais complemento directo 3.ª pessoa - lo, - la, - los, - las
-r̶	- lo
-s̶	- la
-z̶	- los
	- las

APRESENTAÇÃO 2   B

Formas verbais terminadas em:	Pronomes pessoais complemento directo 3.ª pessoa - no, - na, - nos, - nas
-ão -õe -m	- no - na - nos - nas

ORALIDADE 5

1. Eles d**ão as revistas** à mãe.
Eles d**ão-nas** à mãe.

2. A Joana p**õe a mesa**.
A Joana p**õe-na**.

3. Elas tom**am o pequeno-almoço** às oito.
Elas tom**am-no** às oito.

4. Eles encontrar**am os documentos**.
Eles encontrar**am-nos**.

ORALIDADE 6

Exemplo: Estou a puxar as cordas com toda a força.
Estou a puxá-las com toda a força.

1. Podes guardar <u>o martelo e as cavilhas</u>. _____ .

2. Tens <u>a carteira</u> na mochila? _____ ?

3. Ajuda-me a montar <u>a tenda</u>. _____ .

4. Estou a esticar <u>as cordas</u>. _____ .

5. Põe <u>o saco-cama</u> lá dentro. _____ .

6. Puseram <u>os casacos</u> e foram dar uma volta. _____ .

7. Fechem <u>a porta</u> à chave. _____ .

8. Eles dão <u>os bilhetes</u> ao empregado. _____ .

9. Faz o <u>café</u> primeiro. _____ .

10. Vês o <u>filme</u> connosco? _____ ?

TEXTO

O pai da Joana deu-lhe uma tenda pelo aniversário. Como ela fez anos em Janeiro, ainda não teve oportunidade de estreá-la. Vai aproveitar as férias da Páscoa, que este ano calham no fim de Abril, para ir acampar com a Ângela e a Teresa para a costa alentejana. Normalmente nesta altura do ano o tempo já está bom e os parques não estão muito cheios, porque há pouca gente de férias.

Partiram de Lisboa no sábado de manhã com um lindo dia de sol. Mas tiveram muito azar. Logo na primeira noite caiu uma enorme carga de água e durante todo o dia seguinte choveu. Bem diz o povo: «Abril, águas mil».

No entanto nem tudo foram desgraças. O tempo melhorou e conheceram um grupo de espanhóis, mais ou menos da idade delas, com quem passaram a maior parte dos dias. Como as duas línguas são semelhantes, entenderam-se muito bem e a Ângela até aproveitou para praticar o espanhol.

VAMOS LÁ ESCREVER!

COMPREENSÃO

1. O que é que a Joana recebeu no dia de anos?
_____

2. Porque é que ela ainda não a estreou?
_____

3. Porque é que elas resolveram ir acampar nas férias da Páscoa?
_____

4. Para onde é que foram acampar?
_____

5. Estiveram as três sozinhas durante esses dias? Justifique.
_____

ESCRITA 1

Explique, por palavras suas, o sentido das seguintes frases:

1. A Joana ainda não teve oportunidade de estrear a tenda.
_____ .

2. Este ano as férias da Páscoa calharam em Abril.
_____ .

3. Logo na primeira noite caiu uma enorme carga de água.
_____ .

4. Bem diz o povo: «Abril, águas mil».
_____ .

5. Como as duas línguas são semelhantes, (...)
_____ .

ESCRITA 2

Como	mas
desde que	no entanto
enquanto	porque

1. A Joana tem uma tenda nova. Ainda não a estreou.
   A Joana tem uma tenda nova, mas ainda não a estreou.
   _____

2. Há pouca gente de férias. Os parques de campismo não estão muito cheios.
_____

3. No primeiro dia esteve sempre a chover. No segundo o tempo já melhorou.
_____

4. Tiveram muito azar. Logo na primeira noite caiu uma enorme carga de água.
_____

5. Já passaram três meses. A Joana recebeu a tenda.
_____

SUMÁRIO

Competências comunicativas

Dar uma sugestão	«Querem dar uma volta pelo parque de campismo?»
Falar de acções passadas	«Onde é que puseste o martelo e as cavilhas?»
Recomendar	«Então não vás já.»

Vocabulário

Nomes e adjectivos:

	alentejano (adj.)	a	corda	a	língua	o	saco-cama
o	aniversário	a	costa	o	martelo	as	saudades
a	carga (de água)	as	costas	a	mochila	a	tenda
a	carteira		enorme (adj.)	a	oportunidade	o	vento
a	cavilha	a	força	o	parque (de campismo)		
a	chave	o	grupo	a	pilha		
	cheio (adj.)	a	lanterna		preso (adj.)		

Expressões:

a maior parte de	fechar à chave	matar saudades (de)	ir-se embora
cair uma carga de água	mais ou menos	montar a tenda	ter oportunidade (de)
estar preso			

Verbos:

acampar	esticar	matar	montar
calhar	estrear	melhorar	puxar
chover			

Unidade 20

Mostrámos-te tudo o que pudemos.

Áreas gramaticais / Estruturas

Pretérito perfeito simples:
- poder

Pronomes pessoais complemento circunstancial:
- mim, ti, si

Advérbios: • imediatamente, particularmente
Preposições: • além disso

D I Á L O G O

Luís: Que pena, Ângela! Já te vais embora hoje.

Ângela: Pois é. Passou tão depressa... Mas valeu a pena. O meu português melhorou bastante e além disso fiz bons amigos em Portugal.

Diogo: E nós gostámos muito de te ter cá. Mostrámos-te tudo o que pudemos.

Ângela: Acho que vou ter saudades disto.

Joana: Deixa lá. Nas férias do verão somos nós que vamos para Angola. O meu pai já disse que sim.

Ângela: Que bom!

D. Cristina: Toma, Ângela. Estão aqui estas lembranças para ti e para os teus pais com os cumprimentos da família Viana.

Ângela: Muito obrigada a todos.

Joana: Então vamos descer. O pai já está no carro à nossa espera.

Vamos lá falar!

ORALIDADE 1
179

. . . .

Exemplo: – Quem é que vai para Angola?
– _Sou_ eu que _vou_.

1. – Quem é que fez este trabalho?

– _____ nós que _____ .

2. – Quem é que mexeu na minha caneta?

– _____ eu que _____ .

3. – Quem é que partiu o vidro?

– _____ o Luís que _____ .

4. – Quem é que vai ao supermercado?

– _____ tu que _____ .

5. – Quem é que leu o texto na última aula?

– _____ eu que _____ .

6. – Quem é que viu o acidente?

– _____ eles que _____ .

7. – Quem é que traz as bebidas?

– _____ nós que _____ .

8. – Quem é que pôs a mesa?

– _____ eu que _____ .

9. – Quem é que quis vir a este restaurante?

– _____ elas que _____ .

10. – Quem é que guardou o jornal?

– _____ eu que _____ .

Apresentação 1

Pretérito perfeito simples	
	poder
(eu)	**pude**
(tu)	**pudeste**
(você, ele, ela)	**pôde**
(nós)	**pudemos**
(vocês, eles, elas)	**puderam**

Oralidade 2 180

1. Eu pude
2. Tu pudeste
3. Você pôde
4. Ele pôde
5. Ela pôde
6. Nós pudemos
7. Vocês puderam
8. Eles puderam
9. Elas puderam

Oralidade 3 181

1. Eles não _____ ir porque tiveram muito trabalho.
2. Eu não _____ telefonar-te porque perdi o número.
3. Nós _____ assistir à estreia porque o Diogo arranjou bilhetes.
4. Porque é que tu não _____ vir ontem ao jogo?
5. Já não se _____ ir ao Norte porque não houve tempo.

Apresentação 2

Preposições	Pronomes pessoais complemento circunstancial	
de	**mim**	(eu)
em	**ti**	(tu)
para		(você)
por	**si**	(o senhor)
sobre		(a senhora)

N.B.: restantes formas = pronome pessoal sujeito / tratamento.

Oralidade 4 182

1. Isto é para **mim**.
2. Isto é para **ti**, Luís.
3. Isto é para **si**, Sr. Viana.
4. Isto é para **ele**.
5. Isto é para **ela**.
6. Isto é para **nós**.
7. Isto é para **vocês**, Joana e Ângela.
8. Isto é para **os senhores**, Dr. Lemos e Dr. Silva.
9. Isto é para **as senhoras**, D. Cristina e D. Laura.
10. Isto é para **eles**
11. Isto é para **elas**.

ORALIDADE 5 183

Exemplo: Estão aqui estas lembranças para *ti*, Ângela.

1. Esperem por _____ . Estou quase pronto.
2. Chegaram estas cartas para _____, Dr. Lemos.
3. Ainda não falámos de _____, Ivan.
4. Trouxe estes presentes para _____, meninos.
5. Esta encomenda é para _____, D. Cristina.
6. Eles não esperaram por _____, por isso tivemos de ir de táxi.
7. Estiveram a conversar sobre _____ e a minha situação na firma.
8. Pensámos em _____ e comprámos-te este ramo de flores.
9. D. Dulce e D. Laura, estão aqui estas revistas para _____ .
10. O Manuel faz anos amanhã. Esta prenda é para _____ .

ORALIDADE 6 184

Exemplo: Vieste com o Diogo?
    Vieste com ele?

1. Levaram a Joana a casa?
_____ ?

2. Enviaste uma mensagem à Ângela?
_____ ?

3. Já compraste o jornal?
_____ ?

4. Queres vir comigo e com o Luís?
_____ ?

5. Posso convidar a Teresa e o Ricardo?
_____ ?

6. Telefonou à minha mulher, D. Cristina?
_____ ?

TEXTO 185

A Ângela está na sala de embarque do Aeroporto da Portela à espera da chamada para o avião. Contente por ir rever a família, mas triste por deixar Portugal que já considera um segundo país, recorda este último ano: de todos os sítios que visitou ficou particularmente encantada com a zona do Zêzere, a região do Gerês e, claro está, a beleza das praias alentejanas; os momentos felizes que passou em companhia dos rapazes e raparigas que cá conheceu e de quem ficou amiga; a família Viana que tão bem a acolheu e que ela nunca há-de esquecer.

Sabe, no entanto, que vai poder retribuir toda esta hospitalidade, pois a Joana e os irmãos vão visitá-la nas férias grandes e vão ficar em casa da família Simba todo o Verão.

VAMOS LÁ ESCREVER!

COMPREENSÃO

....

1. Onde é que a Ângela está neste momento?

_____

2. Em que é que está a pensar, enquanto espera pela chamada para o avião?

_____

3. De todos os sítios que visitou, de quais é que gostou mais?

_____

4. De toda a gente que conheceu, de quem é que se há-de lembrar sempre?

_____

5. A Ângela vai ter oportunidade de retribuir a maneira como a família Viana a tratou? Justifique.

_____

ESCRITA 1

....

ano que vem	estar à espera
em companhia	gostar imenso
esquecer-se	ter oportunidade

1. A Joana vai de férias para Angola no próximo Verão.

  A Joana vai de férias para Angola no ano que vem .

2. A Ângela recorda os bons momentos que passou com tantos amigos que fez em Portugal.

_____ .

3. A Ângela ficou encantada com a região do Gerês.

_____ .

4. Ela vai poder retribuir a hospitalidade da família Viana.

_____ .

5. Ela há-de lembrar-se sempre do ano que passou em Portugal.

_____ .

6. A Ângela esperou pelos pais à porta do aeroporto.

_____ .

ESCRITA 2

Complete com preposições (+ artigos) e verbos no pretérito perfeito simples:

O avião _____ Ângela _____ *(chegar)* _____ Luanda antes _____ hora prevista. Como não _____ *(ver)* os pais _____ aeroporto, _____ *(resolver)* telefonar _____ casa, mas já ninguém _____ *(atender)*. No entanto não _____ *(ter)* _____ esperar muito _____ eles. _____ *(chegar)* cinco minutos depois e quando _____ *(ver)* a filha _____ porta _____ aeroporto _____ *(ficar)* admirados, mas muito felizes pois _____ *(poder)* abraçá-la imediatamente.

Já _____ casa, a Ângela _____ *(dar)*-lhes as lembranças que _____ *(trazer)* _____ Portugal e _____ jantar _____ *(conversar)* _____ a família Viana e todos os amigos que _____ *(fazer)* _____ Lisboa.

SUMÁRIO

Competências comunicativas

Dar ênfase	«(…) somos nós que vamos para Angola.»
Dar os cumprimentos	«(…) com os cumprimentos da família Viana.»
Expressar contentamento	«Que bom!
Expressar tristeza	«Passou tão depressa (…)»
Falar de acções passadas	«Mostrámos-te tudo o que pudemos.»

Vocabulário

Nomes e adjectivos:

admirado (adj.)	a encomenda	a lembrança	a rapariga
o Aeroporto da Portela	feliz (adj.)	a maneira	o rapaz
algarvio (adj.)	a firma	a pena	a região
a beleza	o Gerês	previsto (adj.)	a sala de embarque
os cumprimentos	a hospitalidade	o ramo	a zona

Expressões:

arranjar	dizer que sim	admirado	o ano que vem
bilhetes	em companhia de	ficar <	Toma, (Ângela)
claro está	estar à espera	amigo (de)	ter saudades (de)
com os cumprimentos	fazer amigos		valer a pena

Verbos:

abraçar	considerar	retribuir	valer
acolher	recordar	rever	

I – Qual a expressão correcta?

Com os cumprimentos	Espera aí	Toma lá
Pois não	Que pena	Pois é
Embora	Está cá um calor	Um bocado
Que bom		

1. – Tens uma caneta preta?

– Tenho. _____ .

2. – Esperaram muito por mim?

– _____ .

3. – Vamos ao banho?

– Vamos! _____ !

4. – Aqui tens estas lembranças, _____ da família Viana.

– Muito obrigada.

5. – Pela estrada nacional a paisagem é mais agradável.

– _____ .

6. – O meu pai disse que eu nas férias posso ir a Angola, Ângela.

– _____ !

7. – Querem ir dar uma volta?

– _____ !

8. – Então hoje não houve aulas, hem!

– _____ .

9. – Já estás pronto?

– _____ . Vou só pôr o casaco.

10. – Está a chover muito. Não podemos ir jogar.

– _____ !

II – Conjugue no pretérito perfeito simples:

dar / dizer / haver / ir / poder / pôr / saber / ter / vir

1. – Já _____ que ontem não _____ aulas.

– Quem é que te _____ ?

2. – Chegaste tão cedo?!

– _____ com o Diogo; ele _____-me boleia.

3. – Porque é que não _____ connosco ao cinema?

– Não _____ . _____ de estudar.

4. – Onde é que _____ o relatório, D. Cristina?

– _____-lo em cima da sua secretária.

5. – Que caminho é que vocês fizeram?

– Para lá _____ pela estrada nacional, para cá _____ pela auto-estrada.

III – Complete com as seguintes preposições (com ou sem artigo):

de / para / por

1. Quando saiu _____ aeroporto, a Ângela ainda teve _____ esperar _____ pais.

2. Paguei 62,35€ _____ dicionário _____ português.

3. Precisamos _____ dinheiro _____ os bilhetes.

4. Devo estar _____ volta _____ 18:30.

5. A camioneta _____ Tomar passa _____ Santarém.

6. A Ângela há-_____ voltar _____ matar saudades _____ amigos.

7. Soubemos _____ acidente _____ Ricardo _____ irmã dele.

8. Mandei a encomenda _____ correio azul _____ chegar mais depressa.

9. Falaram _____ família Viana e _____ todos os lugares _____ onde a Ângela passou.

10. Preciso _____ cartas prontas _____ amanhã.

IV – Complete com os pronomes pessoais:

1. Está aqui uma carta para _____, Dr. Lemos.

2. Já comprámos os bilhetes. Comprámo-_____ hoje de manhã.

3. O Ricardo também quer ir. Podes dar-_____ boleia?

4. As torradas estão prontas. Comam-_____ enquanto estão quentes.

5. Não conseguimos fazer o exercício sozinhos, mas a professora ajudou-_____ .

6. Ainda não li essa revista. Vou lê-_____ hoje à tarde.

7. Estiveram a falar de _____ e do meu acidente.

8. Despe o casaco e põe-_____ no teu quarto.

9. Comprei-_____ estes ténis porque os vossos já estão velhos.

10. Não quero os livros em cima da mesa. Guardem-_____ na pasta.

V – Complete com os verbos no imperativo:

A D. Cristina está a falar com o Luís:

1. Luís, não _____ a camisola, porque está muito frio. *(despir)*

2. Não _____ nessa cadeira que está partida. *(sentar-se)*

3. Não _____ barulho que os teus irmãos estão a estudar. *(fazer)*

4. Não _____ de pé em cima da cama. *(estar)*

5. Não _____ esse livro que não é para a tua idade. *(ler)*

6. Não _____ a pasta em cima da mesa. *(pôr)*

7. Não _____ o dinheiro que eu te dei. *(perder)*

8. Não _____ tarde para casa. *(vir)*

9. Não _____ a bola para a sala. *(trazer)*

10. Não _____ para a rua que já é quase noite. *(ir)*

VI – Qual a palavra correcta?

A	B	C
carteira cesto geleira mochila	auto-estrada caminho estrada rua	gente pessoas povo público

A

1. Guardou as coisas na _____, pô-la às costas e foi à boleia para a costa alentejana.

2. Perdi a minha _____ com o dinheiro e os documentos todos.

3. A Joana pôs os refrescos e a fruta na _____ para levar para a praia.

4. O Diogo e o Luís guardaram as toalhas de praia no _____ .

B

1. Para ir para Tomar, o senhor segue sempre por esta _____ .

2. Este autocarro passa pela minha _____ .

3. Por Santarém, o _____ é mais curto.

4. A _____ Lisboa/Porto tem muito trânsito.

C

1. O Zé Povinho é o símbolo do _____ português.

2. No Carnaval há muita _____ nas ruas.

3. Quando há jogos importantes, há sempre muito _____ a assistir.

4. A Ângela gostou de todas as _____ que conheceu em Portugal.

TESTE

A – Gramática

1. _____ é a sua profissão?
   a) como   **b)** de quem   **c)** qual   **d)** o que

2. – _____ é que vocês vieram?
   – Pela auto-estrada.
   a) onde   **b)** por onde   **c)** de onde   **d)** para onde

3. De quem é _____ jornal aí?
   a) isto   **b)** este   **c)** esse   **d)** aquele

4. Já não está _____ no escritório a esta hora.
   a) alguém   **b)** algum   **c)** nenhum   **d)** ninguém

5. Os bolinhos estão na mesa. Comam-_____ enquanto estão quentes.
   a) nos   **b)** eles   **c)** os   **d)** los

6. A Teresa hoje não foi às aulas. Vou telefonar para saber o que é que _____ aconteceu.
   a) a   **b)** ela   **c)** lhe   **d)** la

7. Porque é que não esperaste _____ ? Fui só comprar o jornal.
   a) comigo   **b)** por mim   **c)** me   **d)** eu

8. Gostei imenso desse filme. Foi _____ .
   a) muito bem   **b)** maior   **c)** melhor   **d)** óptimo

9. O castelo e a igreja são do século XII.
   A igreja é _____ antiga _____ o castelo.
   a) mais… que   **b)** tão… como   **c)** tanta… como   **d)** menos… que

10. O Diogo é o filho _____ .
   a) mais velho   **b)** muito velho   **c)** velho   **d)** velhíssimo

11. Ele é _____ Porto, mas vive _____ Lisboa.
   a) de… na   **b)** no… de   **c)** do… em   **d)** de… em

12. Mando-te a carta _____ correio azul _____ chegar mais depressa.
   a) pela… para   **b)** por… a   **c)** do… para   **d)** por… para

13. – Vais já _____ casa?
   – Não, vou só _____ casa almoçar.
   a) para… a   **b)** em… para   **c)** a… em   **d)** a… para

14. _____ sábado _____ manhã parto para Angola.
   a) ao… de   **b)** em… à   **c)** no… de   **d)** no… da

15. Ele faz anos _____ 21 _____ Julho.

    a) em... no   **b)** no... de   **c)** a... em   **d)** a... de

16. O senhor segue _____ esta rua e vira ao fundo _____ direita.

    a) pela.. à   **b)** por... à   **c)** para... a   **d)** por.. da

17. Não _____ ouvir nada. Importa-se de falar mais alto?

    a) consigo   **b)** posso   **c)** sei   **d)** estou

18. Normalmente o café aqui _____ óptimo, mas hoje não _____ muito bom.

    a) está... é   **b)** está... tem   **c)** é... está   **d)** é... há

19. O Sr. Viana _____ o jornal todas as manhãs.

    a) está a ler   **b)** leio   **c)** li   **d)** lê

20. Ele gostou tanto da região que _____ lá voltar.

    a) há-de   **b)** houve   **c)** há   **d)** hás-de

21. Ontem nós _____ o Jorge no café.

    a) viemos   **b)** vimos   **c)** vemos   **d)** vamos

22. Vocês _____ connosco no cinema?

    a) vêem   **b)** vem   **c)** vêm   **d)** vimos

23. A D. Cristina _____ fora todos os dias. Neste momento _____ no restaurante.

    a) está a almoçar... almoça   **b)** almoça... está a almoçar

    c) almoço... está a almoçar   **d)** almoça... estou a almoçar

24. _____ os casacos e _____ as pastas no quarto!

    a) despem... põem   **b)** dispam... ponham

    c) despiram... puseram   **d)** dispa... ponha

25. Já não há fruta. _____ ir comprar mais.

    a) é preciso   **b)** vou   **c)** estou   **d)** tem

26. Não _____ barulho, Luís, que os teus irmãos estão a estudar!

    a) fazes   **b)** faz   **c)** fizeste   **d)** faças

27. Ontem não _____ aulas.

    a) há   **b)** houve   **c)** temos   **d)** ouve

28. Amanhã eles _____ visitar o museu.

    a) têm   **b)** estão   **c)** vão   **d)** são

29. Já passou um ano _____ ele partiu o braço.

    a) quando   **b)** desde   **c)** enquanto **d)** desde que

30. Eu e _____ pais moramos em Lisboa.

    a) as nossas   **b)** as minhas   **c)** os meus   **d)** o nosso

B – Vocabulário

1. O Sr. e a Sra. Simba são de Luanda. Eles são _____ .
   a) angolano   **b)** angolanas   **c)** angolanos   **d)** angolana

2. Conheceram um grupo de americanos e estiveram sempre a falar… com eles.
   a) inglês   **b)** ingleses   **c)** inglesa   **d)** inglesas

3. A Madalena dá aulas de português. Ela é _____ .
   a) aluna   **b)** professora   **c)** recepcionista   **d)** professor

4. A D. Ana telefonou para _____ de viagens e fez as reservas.
   a) o consultório **b)** o restaurante   **c)** o teatro   **d)** a agência

5. Podia trocar-me esta _____ de 20€ por duas de 10€?
   a) nota   **b)** cheque   **c)** dinheiro   **d)** moeda

6. – Está? É da casa da Luísa?
   – Sim, sim. É _____ .
   a) a própria   **b)** eu   **c)** engano   **d)** com licença

7. A mãe dele telefonou para o consultório e marcou uma _____ para o Dr. Silva.
   a) chamada   **b)** visita   **c)** reserva   **d)** consulta

8. Quando chegaram ao parque de campismo, foram logo montar a _____ .
   a) mochila   **b)** tenda   **c)** mala   **d)** pasta

9. – Que deseja?
   – Queria uma _____ de escalopes de vitela, por favor.
   a) dose   **b)** posta   **c)** doze   **d)** fatia

10. Põe o chapéu na _____ porque o sol está muito quente.
   a) testa   **b)** boca   **c)** cabeça   **d)** mão

11. Não querem vir tomar _____ ? Está cá um calor!
   a) sol   **b)** sombra   **c)** mergulho   **d)** banho

12. Muitos _____ , Teresa. Quantos anos fazes?
   a) parabéns   **b)** presentes   **c)** cumprimentos   **d)** anos

13. O dia 5 de Outubro é _____ nacional.
   a) férias   **b)** estação   **c)** feriado   **d)** época

14. O Luís bebe um _____ de leite ao pequeno-almoço.
   a) chávena   **b)** copo   **c)** garoto   **d)** galão

15. Hoje não está frio. Está um dia _____ .
   a) calor   **b)** feia   **c)** quente   **d)** boa

16. – Muito obrigado pela sua ajuda.

– _____

    a) não faz mal   **b)** deixa lá   **c)** se faz favor   **d)** de nada

17. – Queria abrir uma conta à ordem.

– Faz favor de _____ este impresso.

    a) preencher   **b)** passar   **c)** escrever   **d)** requisitar

18. Dezembro é o último _____ do ano.

    a) data   **b)** mês   **c)** dia   **d)** semana

19. Aveiro é uma _____ portuguesa.

    a) região   **b)** zona   **c)** cidade   **d)** país

20. Pode pagar na caixa e receber o _____ .

    a) conta   **b)** lista   **c)** factura   **d)** talão

21. – Amanhã já me vou embora.

– _____! Gostámos tanto de te ter cá.

    a) ainda bem   **b)** que pena   **c)** que bom   **d)** óptimo

22. A Ângela esteve em Portugal a estudar numa _____ secundária.

    a) aula   **b)** escola   **c)** curso   **d)** turma

23. Março é o _____ mês do ano.

    a) treze   **b)** três   **c)** terça   **d)** terceiro

24. São 09:30. A reunião começa às 10:00. Só falta _____ hora para começar.

    a) metade da   **b)** metade   **c)** meia   **d)** um quarto de

25. Ele parte para Goa na semana _____ .

    a) próxima   **b)** que vai   **c)** última   **d)** que vem

26. Trouxe bolos para o _____, mas temos de esperar pelo Luís que só vem às 16:00.

    a) lanche   **b)** almoço   **c)** pequeno-almoço **d)** jantar

27. Este ano a família Viana vai _____ as férias grandes na Madeira.

    a) passar   **b)** tomar   **c)** gastar   **d)** reservar

28. Estou cheio de _____ ! Não há nada para comer?

    a) sono   **b)** fome   **c)** frio   **d)** sede

29. Estou com dores de cabeça. Vou tomar um _____ .

    a) hospital   **b)** médico   **c)** comprimido   **d)** doente

30. Essas _____ ficam-te muito bem, Diogo. São novas?

    a) saias   **b)** ténis   **c)** casacos   **d)** calças

Lista de verbos

Presente e pretérito perfeito simples do indicativo

			eu	tu	você ele/ela o sr./a sr.ª	nós	vocês eles/elas os srs./as sr.ªs
Verbos regulares	**falar**	P. I	**falo**	**-as**	**-a**	**-amos**	**-am**
	beber		**bebo**	**-es**	**-e**	**-emos**	**-em**
	abrir		**abro**	**-es**	**-e**	**-imos**	**-em**
	-ar	P.P.S	**-ei**	**-aste**	**-ou**	**-ámos**	**-aram**
	-er		**-i**	**-este**	**-eu**	**-emos**	**-eram**
	-ir		**-i**	**-iste**	**-iu**	**-imos**	**-iram**

Verbos irregulares

		eu	tu	você ele/ela o sr./a sr.ª	nós	vocês eles/elas os srs./as sr.ªs
dar	P. I	dou	dás	dá	damos	dão
	P.P.S	dei	deste	deu	demos	deram
estar	P. I	estou	estás	está	estamos	estão
	P.P.S	estive	estiveste	esteve	estivemos	estiveram
dizer	P. I	digo	dizes	diz	dizemos	dizem
	P.P.S	disse	disseste	disse	dissemos	disseram
fazer	P. I	faço	fazes	faz	fazemos	fazem
	P.P.S	fiz	fizeste	fez	fizemos	fizeram
trazer	P. I	trago	trazes	traz	trazemos	trazem
	P.P.S	trouxe	trouxeste	trouxe	trouxemos	trouxeram
haver	P. I			há		
	P.P.S			houve		
ler	P. I	leio	lês	lê	lemos	lêem
	P.P.S			Regular		
ver	P. I	vejo	vês	vê	vemos	vêem
	P.P.S	vi	viste	viu	vimos	viram
perder	P. I	perco	perdes	perde	perdemos	perdem
	P.P.S			Regular		
poder	P. I	posso	podes	pode	podemos	podem
	P.P.S	pude	pudeste	pôde	pudemos	puderam
querer	P. I	quero	queres	quer	queremos	querem
	P.P.S	quis	quiseste	quis	quisemos	quiseram
saber	P. I	sei	sabes	sabe	sabemos	sabem
	P.P.S	soube	soubeste	soube	soubemos	souberam

Apêndice 1

		eu	tu	você ele/ela o sr./a sr.ª	nós	vocês eles/elas os srs./as sr.ªˢ
ser	P. I	sou	és	é	somos	são
	P.P.S	fui	foste	foi	fomos	foram
ter	P. I	tenho	tens	tem	temos	têm
	P.P.S	tive	tiveste	teve	tivemos	tiveram
vir	P. I	venho	vens	vem	vimos	vêm
	P.P.S	vim	vieste	veio	viemos	vieram
dormir	P. I	durmo	dormes	dorme	dormimos	dormem
	P.P.S	Regular				
ir	P. I	vou	vais	vai	vamos	vão
	P.P.S	fui	foste	foi	fomos	foram
ouvir	P. I	ouço/ oiço	ouves	ouve	ouvimos	ouvem
	P.P.S	Regular				
pedir	P. I	peço	pedes	pede	pedimos	pedem
	P.P.S	Regular				
sair	P. I	saio	sais	sai	saímos	saem
	P.P.S	saí	saíste	saiu	saímos	saíram
servir	P. I	sirvo	serves	serve	servimos	servem
	P.P.S	Regular				
subir	P. I	subo	sobes	sobe	subimos	sobem
	P.P.S	Regular				
pôr	P. I	ponho	pões	põe	pomos	põem
	P.P.S	pus	puseste	pôs	pusemos	puseram

Conjugação perifrástica

Realização prolongada
estar a + infinitivo

eu	estou		
tu	estás		comer
você, ele, ela	está	a	escrever
nós	estamos		jogar
vocês, eles, elas	estão		

Futuro próximo
ir + infinitivo

eu	vou	
tu	vais	
você, ele, ela	vai	começar
nós	vamos	partir
vocês, eles, elas	vão	ter

Futuro – intenção/convicção
haver de + infinitivo

eu	hei-de	
tu	hás-de	
você, ele, ela	há-de	fazer
nós	havemos de	ir
vocês, eles, elas	hão de	saber

Imperativo
Regulares - forma afirmativa

Presente do indicativo		-ar falar
ele **fala**	→	*Fala* baixo! (informal/singular)
eu fal~~o~~	→	*Fal**e*** baixo! (formal/singular)
		*Fal**em*** baixo! (informal e formal plural)

Presente do indicativo		-ar falar
ele **come** ele **abre**	→	*Come* a sopa! *Abre* a janela! (informal/singular)
eu com~~o~~ eu abr~~o~~	→	*Com**a*** a sopa! *Abr**a*** a janela! (formal/singular)
		*Com**am*** a sopa! *Abr**am*** a janela! (informal e formal plural)

Regulares - forma negativa

-ar/falar		-er/-ir comer/abrir
Não **fales** alto! (informal/singular)	= formal singular + s =	Não **comas** doces! Não **abras** a janela! (informal/singular)
Não **fale** alto! (formal/singular)		Não **coma** doces! Não **abra** a janela! (formal/singular)
Não **falem** alto! (informal e formal plural)		Não **comam** doces! Não **abram** a janela! (informal e formal plural)

• No **imperativo negativo** só é **diferente** a forma usada para o tratamento **informal no singular** (tu). Todas as outras – tratamento formal no singular (você) e tratamento informal e formal no plural (vocês; os senhores; as senhoras) – são iguais na afirmativa ou negativa.

Irregulares

	Singular			Plural
	informal		formal	informal e formal
	afirmativa	negativa	afirmativa e negativa	afirmativa e negativa
ser	**sê**	não **sejas**	(não) **seja**	(não) **sejam**
estar	está	não **estejas**	(não) **esteja**	(não) **estejam**
dar	dá	não **dês**	(não) **dê**	(não) **dêem**
ir	vai	não **vás**	(não) **vá**	(não) **vão**

Usamos as formas do **imperativo** para:

dar ordens	–	**Feche** a porta, por favor.
dar conselhos	–	**Não fumes** tanto.
dar sugestões	–	**Vão** de táxi. É mais rápido.

Pronomes pessoais

Sujeito	Complemento				Reflexo
	Indirecto	**Directo**	**Com preposição**	**Com preposição "com"**	
eu	me	me	mim	comigo	me
tu	te	te	ti	contigo	te
você		o, a	si	consigo	
o senhor		o	si (o senhor)	consigo (com o senhor)	
a senhora	lhe	a	si (a senhora)	consigo (com a senhora)	se
ele		o	ele	com ele	
ela		a	ela	com ela	
nós	nos	nos	nós	connosco	nos
vocês			vocês	com vocês	
os senhores	vos	vos	os senhores	convosco	
as senhoras			as senhoras	convosco	se
eles	lhes	os	eles	com eles	
elas		as	elas	com elas	

Alterações sofridas pelas formas de <u>complemento directo **o, a, os, as**</u>:

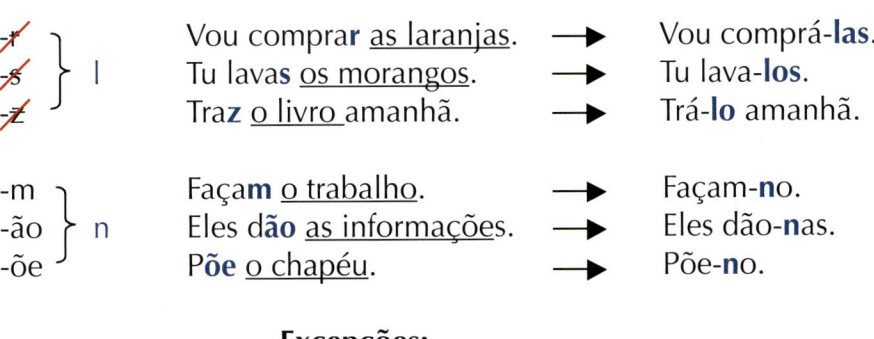

-r̶
-s̶ } l   Vou compra**r** <u>as laranjas</u>. ⟶ Vou comprá-**las**.
-z̶   Tu lava**s** <u>os morangos</u>. ⟶ Tu lava-**los**.
           Tra**z** <u>o livro</u> amanhã. ⟶ Trá-**lo** amanhã.

-m
-ão } n   Faça**m** <u>o trabalho</u>. ⟶ Façam-**n**o.
-õe   Eles d**ão** <u>as informaçõe</u>s. ⟶ Eles dão-**n**as.
           P**õe** <u>o chapéu</u>. ⟶ Põe-**n**o.

Excepções:
Ele **quer** <u>o bolo</u>. ⟶ Ele quer**e**-o.
Tu **tens** <u>a caneta</u>. ⟶ Tu te**m**-la.

Apêndice 5

Plural dos nomes e adjectivos

Terminados em:

• **Vogal** ou **ditongo** (excepto -ão)

mesa – mesas	irmã – irmãs
cidade – cidades	pé – pés
táxi – táxis	mãe – mães
livro – livros	mau – maus
peru – perus	céu – céus

• **Ditongo -ão**

irmão – irmãos
mão – mãos
alemão – alemães
pão – pães
estação – estações
tostão – tostões

• **Consoante**

- l
- al: jornal – jornais
- el: hotel – hotéis / pastel – pastéis / possível – possíveis
- il: difícil – difíceis / fácil – fáceis
- ol: espanhol – espanhóis
- ul: azul – azuis

-m
bom – bons / homem – homens / jardim – jardins

- r
cor – cores / lugar – lugares / mulher – mulheres

- s
lápis – lápis
país – países / português – portugueses

- z
feliz – felizes / rapaz – rapazes / vez – vezes

Apêndice Lexical

Esta lista apresenta apenas o vocabulário activo constante nas unidades, isto é, o vocabulário dos Diálogos, das Apresentações, das Oralidades, dos Textos e das Escritas. Assim, o vocabulário passivo apresentado nos documentos autênticos, nas Áreas Gramaticais / Estruturas ou no Sumário não se encontra listado. O vocabulário passivo pode, no entanto, ser utilizado pontualmente, quer nas Apresentações, quer nos exercícios orais e escritos. Não figuram ainda quaisquer formas verbais, salvo as usadas como «expressão».

O número indicado à frente das palavras / expressões refere-se à(s) Unidade(s) em que estas aparecem. Quando há mais do que um número para a mesma palavra / expressão o(s) destacado(s) assinalam a unidade em que esta foi trabalhada.

Vocabulário

A

a	**1**, 4, 5, **6**, 9, **10**, 14
abaixo	13
abraçar	20
Abril	**5**
abrir	**7, 9, 13**
absolutamente	13
acabar	6
acampar	19
a acção	17
achar (de)	7
o acidente	13
acolher	20
acompanhar	5
acontecer	13
acordar	12
os Açores	9
actualmente	11
o adepto	11
adeus	3
admirado	20
o admirador	17
adorar	16
o advogado	1
o aeroporto	10
~ da Portela	20
afinal	17
a agência	10
a agenda	12
agitado	11
agora	4
Agosto	**5**
agradável	15
agradecer	6
os agriões	9
a água	5
aguardar	12
ah!	6
aí	**3**
ainda	**9**
a ajuda	9
ajudar	14
além disso	20
a Alemanha	1

alemão	1
alentejano	19
a alface	9
a alfândega	11
o Algarve	6
algum(ns), alguma(s)	8, 9
alguém	**9**
algarvio	20
ali	**3**
almoçar	5
o almoço	5
alto	7, **8**
a altura	8, 11
alugar	15
o aluno	1
amador	11
amanhã	3
amarelo	**4**
amargo	15
ambas	7
o ambiente	15
americano	1
o amigo	2
as Amoreiras	10
o ananás	9
o andar	7
andar	**3**
~(a)	13
~(de)	5, 10
~(em)	3
o andebol	11
animado	15
o aniversário	19
o ano	**5**
anotar	12
anteontem	11
anterior	11
antes (~ de)	7, 9, 17
antigo	7
antipático	15
aonde	8
apanhar	5, 18
a aparelhagem	6
o aparelho	14

o apartamento	3
apenas	11
apetecer	7
aprender	5
apropriado	7
aproveitar	11, 15
aproximadamente	10
aquecer	**5**
aquele(s), aquela(s)	3
aqui	**3**
aquilo	**3**
a área	11
a areia	18
o armário	4
o arquitecto	1
arranjar	5, 20
o arranjo	16
a arrecadação	13
o arroz	5
a arrumação	13
arrumar	18
a arte	17
o artigo	13
o artista	17
artístico	17
a árvore	15
assado	5
assíduo	11
assim	8
assinar	12
assistir (a)	11
o assunto	12
até	3, **8**
a atenção	8
atender	**14**
atentamente	7
atirar	**18**
atrás (~ de)	**4**, 11
atrasado	12
o atraso	8
atravessar	**8**
a aula	4
a Áustria	1
austríaco	1

a auto-estrada	16
o autocarro	5
a avaria	17
Aveiro	2
a avenida (Av.)	**8**
~ de Roma	12
~ E.U.A.	8
~ João XXI	8
o avião	10
o avô, a avó, os avós	2
o azar	13
azul	**4**

B

o bacalhau	5
a Baixa	10
baixar	12
baixo (em ~)	7, 12
a banana	9
a banca	9
bancário	12
o banco	4
a bandeira	4
o banho	9, 15
barato	8
o barco	10
a barriga	14
o barulho	7
o basquetebol	11
bastante	7
a batata	5
a barriga	14
o barulho	7
o basquetebol	11
bastante	7
a batata	5
o batido	6
o bebé	13
beber	**5**
a bebida	6
o beijinho	15
Belém	10
a beleza	20

Apêndice Lexical

bem	2	caricaturado	14	o cliente	10
bem-vindo	2	o caricaturista	17	o clube	5
o Benfica	11	a carne	5	Coimbra	5
a biblioteca	9	caro	**8**	a coisa	6
a bica	6	carregar	12	coitado	8
a bicha	12	a carreira	15	o colchão	18
a bicicleta	3	o carro	4	o colega	3
o bife	5	a carta	12	com	5, **14**
o bilhete	10	a carteira	19	combinar	14
o Boavista	11	o carvão	4	o comboio	10
a boca	**13**	a casa	4	começar	**12**
o bocadinho	23	~ de banho	9	comer	**5, 9, 13**
o bocado	16	o casaco	7	cómico	14
a bola	4	Cascais	8	a comida	14
a boleia (à ~)	10	o caso	6	comigo	**14**
o bolinho	6	castanho	**4**	como	1, 5
o bolo	5	o castelo	8	a companhia	18
o bolso	12	~ de S. Jorge	11	completamente	8
bom, boa	1, 3, 5, **8, 11**	catorze	**3**	a composição	17
bonito	7	a causa (por ~ de)	4	comprar	7, 16
a borracha	3	a cavilha	19	as compras	8
o braço	**13**	o CD	6	compreender	5
branco	**4**	cedo	6, **8**	comprido	8
branquinho	9	cem	**5**	o comprimido	13
o Brasil	1	a cenoura	5, 9	o concerto	8
brasileiro	1	o cêntimo	7	concordar (com)	8
brincar	5	cento	**7**	o concurso	11
buscar (ir ~)	10	o centro	15	conduzir	16
		a cerâmica	17	confirmar	10
C		os cereais	5	conhecer	5
		certas	14	connosco	**14**
cá	8, 12	a certeza	7	conseguir	**7**
a cabeça	**13**	o cesto	18	considerar	20
o cabeleireiro	13	o céu	4	consigo	**14**
o cabelo	**13**	o chá	5	a consoada	15
cabo-verdiano	4	a chamada	11, 20	a construção	11
o cacho	9	chamar	13	a consulta	13
cada	11	~-se	**1**	consultar	**12**
a cadeira	3	o champanhe	14	o consultório	13
o caderno	3	o chão	9	a conta	6, **12**
o café	5	o chapéu	18	contar	8
a caixa	7, 8	~ -de-chuva	13	~(com)	14
cair	**8, 13**	~ -de-sol	18	contemporâneo	17
as calças	7	a chave	19	contente	6
calhar	8, 19	a chávena	5	contigo	**14**
calmo	18	chegar	10	o contrário (ao ~ de)	7
o calor	9	~(a)	6, 16	contudo	17
a cama	4	cheio	5, 18, 19	o convento	15
o caminho	8	o cheque	10, **12**	~ de Cristo	15
a camioneta	10	o Chile	1	a conversa	14
a camisa	7	chileno	1	conversar	6
a camisola	7	o chocolate	5	~(sobre)	16
o campeão	11	chover	19	o convidado	6
o campo	11, 17	a chuva	4	convidar	8
~ de futebol	5	a cidade	11	convosco	**14**
~ Pequeno	8	as Ciências	3	o copo	5
o Canadá	11	cima (em ~ de)	**4**	a cor	4
a caneta	3	o cinema	8	~ -de-laranja	**4**
cansado	**8**	cinco	**3**	~ -de-rosa	**4**
cansativo	11	cinquenta	**5**	a corda	19
a carga	19	cinzento	**4**	o corpo	**13**
a caricatura	17	claro	3, 6	o correio (azul)	4, 16

correr	5
corrigir	9
cortar	**8**
a costa	19
a Costa da Caparica	8
as costas	19
a costeleta	5
costumar	18
o costume (de ~)	10
a cotação	12
o cotovelo	**13**
a couve	9
cozer	9
cozido	5
a cozinha	5
creditar	**12**
a criança	5
criar	17
crítico	17
cuidado!	8
cultural	17
os cumprimentos	20
o curso	11
curto	8
custar	7
D	
dançar	6
dar	**9, 10, 18**
a data	6
de	1, **6, 10**
debaixo (~ de)	**4**
debitar	**12**
decidir	**7**
~ -se	7
décimo (10º)	**7**
décimo primeiro (11º)	**7**
décimo segundo (12º)	**7**
dedicar-se (a)	17
o dedo	**13**
deitado	18
deitar-se	6
deixar	20
dele(s), dela(s)	**4**
delicioso	18
o dente	**13**
dentro (~ de)	**4**, 10, 20
depois (~ de)	8
depositar	**12**
o depósito	**12**
depressa	**8**
descansar	15
descer	5
a desculpa	8
desculpe	2
desde (~ que)	13
desejar	6
desejoso	8
desenhador	1
a desgraça	13
despachar-se	9

despir	7
o desporto	11
determinado	14
dever	7, **10**
dez	**3**
dezanove	**3**
dezasseis	**3**
dezassete	**3**
Dezembro	5
dezoito	**3**
o dia	1
o dicionário	3
diferente	5
difícil	**8**
a dificuldade	11
digamos	7
o dinheiro	9, **12**
a direcção (em ~ a)	15
o director	2
a direita (à ~)	**8**
direito	**8**
dirigir-se (a)	**8**
o ditado	17
o disco	6
divertido	11
dividido	17
dizer	7
~(de)	**6, 14**
doce	11
o documento	12
a doença	16
doer	**13**
doente	11
dois	2, **3, 7**
o dólar	**12**
o domingo	**5**
a Dona (D.)	2
a dor	13
dorido	13
dormir	**8**
a dose	5
o doutor (Dr.),	
a doutora (Dra.)	2, 10
doze	**3**
duas	**3**
durante	10
duro	8
a dúvida	11
duzentos	**7**
o DVD	9

E

e	1
o economista	1
o edifício	7
ele(s), ela(s)	**1, 2, 14**
o electricista	1
o elevador	13
em	2, **4, 6, 10**
embora	18

a ementa	15
o empregado	3
o emprego	10
a empresa	3
emprestado	8
encantado	16
encarnado	**4**
a encomenda	20
encontrar	9
~ -se (com)	14
endiabrado	11
o enfermeiro	1
enfim	8
enganar-se (em)	14
o engano	**14**
o engenheiro	1
enorme	19
enquanto	5
entanto (no ~)	7
então	4
o entardecer (ao ~)	18
entrar	8
entre	**4**
entregar	10
enviar	10
o eléctrico	10
a época	6
a equipa	11
o erro	9
o escadote	13
o escalope	13
a escolta	2
escolher	15
escrever	5
o escritor	11
o escritório	3
o euro	**7**
escuro	6
a Espanha	1
espanhol	1
especialmente	8
o espectáculo	11
o espectador	11
a espera	20
esperar	8
(~(por)	20
esquecer	20
~ -se (de)	6
a esquerda (à ~)	**8**
esquerdo	**8**
esse(s), essa(s)	**3**
essencialmente	14
a estação	6
estacionar	4
o estádio	11
o Estádio Nacional	5
o estado	13
os Estados Unidos da América (E.U.A.)	1
a estalagem	15
estar	**4, 10, 11**
~(a)	**5**

este(s), esta(s)	**3**
esticar	19
a estrada	16
o estrangeiro	3
estrear	19
a estreia	14
o estudante	1
estudar	**3**
o estudo	17
a etiqueta	7
eu	**1**
a Europa	7
o exagero	13
o exame	6
o exemplo (por ~)	7
exercer	17
o exercício	5
o êxito	17
experimentar	7
a exposição	11
o extracto	12

F

a fábrica	10
a fábula	5
fácil	**8**
a facilidade (com ~)	5
a factura	10
a Faculdade	3
falar	**3, 9**
~(com)	12
~(de)	7
~(sobre)	15
faltar	8
a família	2
famoso	8
Faro	9
a farmácia	4
farto	8
a fatia	9
o fato de banho	15
o favor	6,9
fazer	**6, 15**
a febra	6
fechar	6
feio	15
a Feira Internacional de Lisboa (FIL)	11
feliz	20
o feriado	6
as férias	6
a festa	6
festejar	6
festivo	6
Fevereiro	**5**
o fiambre	5
ficar	4, 6, **12**, 15
a figura	14
o filete	5
o filho	3

o filme	5
o fim	7, **8**
~ -de-semana	**5**
a final	11
a firma	20
a flor	18
a folha	4
a fome	5
fora (~de)	5, 18
a força	19
o forno	5
forte	7
fraco	11
a França	1
francês	1
a frase	10
o freguês	9
a frente (em ~; em ~ de)	**4, 8**
fresco	7
o frigorífico	5
frio	5, **11**
~ o	9
frito	5
a fruta	9
fumar	3
a Fundação Gulbenkian	8
o fundo (ao ~)	7
o futebol	3

G

o galão	6
a ganga	7
o garoto	6
o gás	5
gastar	12
a geleira	18
o género	7
a gente	9
geral	10
o Gerês	20
o gesso	13
a ginástica	13
giro	15
Goa	2
o golfe	11
gordo	7, **8**
gostar (de)	3
o gosto	2
a graduação	11
graduado	11
gráfico	17
a gramática	10
grande	**4, 8, 11**
a Grécia	11
grelhado	5
a gripe	11
o grito	7
o grupo	19
guardar	10
guiar	16

Apêndice Lexical

o Guincho 9

H

haver **5, 17**
    ~ de **16**
hem! 13
a história 5, 8
hoje 4
a Holanda 1
holandês 1
a hora **6**
hospedado 15
o hospital 2
a hospitalidade 20
o hotel 10
hum! 5
humano 13

I

a idade 3
a ideia 11, 15
a igreja 11
a ilha 15
    ~ do Lombo 15
imaginar 12
imediatamente 20
imenso 8
importante 17
importar-se (de) 7
a impressão 7
o impresso **12**
incluído 10
a Índia 1
indiano 1, 14
individual 10
infelizmente 11
a informação 8
Inglaterra 1
inglês 1
o Instituto 11
as instruções 9
inteiro 9
interessante 11
interessar-se (por) 7
o interesse 7
a internete 2
o intérprete 1
inventar 11
o Inverno **6**
ir **8, 10, 11**
o irmão 2
isso **3**
    (por ~) 8
isto **3**
a Itália 1
italiano 1

J

já 3, **9**

Janeiro **5**
a janela 4
jantar 6
    o ~ 5
o jardim 5
o jardineiro 1
o joelho **13**
o jogador 5
jogar 3
o jogo 6
o jornal 2
o jovem 7
o juiz 2
Julho **5**
Junho **5**
junto (~a) 5, 9
justificar 10

L

lá 3, 14
o lábio **13**
o lado (ao ~, ao ~ de) **4,**
    8
lanchar 6
o lanche 5
a lanterna 19
o lápis 3
a laranja 5
a laranjada 5
largo 4
    o ~ **8**
lavar 8
    ~ -se 6
a legenda 7
os legumes 9
o leite 5
a lembrança 20
lembrar-se (de) 6
ler **7, 13**
levantar **7, 12**
    ~ -se 6
levar 4
leve 8
lhe, lhes **7, 17**
a libra **12**
a lição 9
a licença **14**
a liga 11
ligar 6
    ~(para) 14
limpar 13
limpinho 15
lindo 13
a língua 1
o linguado 5
a linguagem 14
Lisboa 2
lisboeta 17
a lista 9
a livraria 12

livre 12
o livro 3
lo(s), la(s) **19**
local 2
    o ~ 8
logo 5, 8, 10
a loja 6
longe (ao ~) 7, **11**
louro 7
Luanda 2
o lugar 15

M

a Macau 8
a maçã 9
a mãe 2
magro 7
Maio **5**
maior 5, **8, 11**
mais 3, 11
    ~... do que **8**
mal 8, 13
a mala 8
mandar 10, **12**
a maneira (~ como) 20
a manhã (de ~) 5, **6**
a manhãzinha (de ~) 5
a manteiga 5
a mão **13**
a máquina fotográfica 4
o mar 18
a maravilha 9
maravilhoso 15
marcar 10, 13
Março **5**
o marido 2
o marisco 5
o martelo 19
mas 1
matar 19
a Matemática 3
mau **8, 11**
me 1, **6, 7, 14**
a Medicina 4
o médico 1
médio 7
a meia 7
    ~ noite **6**
meio 5
    o ~ 15, 17
    ~ -dia **6**
melhor **8, 11**
melhorar 19
o menino 5
menos 5, **11**
    ~ ... do que **11**
a mensagem 17
a mensalidade 12
a mercearia 9
o mergulho 18
o mês **5**

a mesa 3
mesmo 8
    ~ assim 11
a metade 12
o metro (m) 11
    ~ quadrado (m²) 11
o metropolitano (metro) 10
meu(s), minha(s) 2, **4**
mexer 13
mil **7**
o milhão **7**
mim **20**
mineral 5
o minuto **6**
misto 6
o miúdo 8
Moçambique 13
a mochila 19
a moda 7
o modelo 1, 7
moderno 7
a moeda **12**
molhado 18
o molho 9
o momento 5
montar 19
a morada 12
o morango 6
morar 3
moreno 7
morrer 17
mostrar 7
a mota 6
o motorista 1
mudar-se (para) 13
muito(s), muita(s) 3,
    9, 11
a mulher 7
o multibanco 12
o museu 11, 17
    ~ Rafael Bordalo
Pinheiro 17
a música 8

N

nacional 6
a nacionalidade 1
nada 7, **9**
nadar 18
não 1
    ~ só ... mas também 14
o nariz **13**
nascer 13
o Natal 6
necessário 14
a necessidade 16
os negócios (de ~; em ~) 11
nem 14
nenhum(ns), nenhuma(s) 7, **9**
o neto 15
a neve 4

ninguém	**9**	a padaria	9	a pilha	19	o processo	10
no(s), na(s)	**19**	pagar	6, **12**	o pintor	1	o professor	1
a nódoa negra	13	a página	9	pior	**8, 11**	a profissão	1
a noite (à ~; da ~)	2, **6**	o pai	2	a piscina	15	o programa	8
o nome	1, 2	o país	1	o piso	7	o programador	1
nono (9º)	**7**	a paisagem	8	o plano	8	prolongado	15
normalmente	5	o Palácio de Cristal	11	plástico	17	pronto (~!)	5, 9
o Norte	12	o pão	5	poder	**6, 20**	o próprio	**14**
nos	**6, 17**	par (a ~ de)	14	podia	8	a prova	7
nós	**2**	para	3, **6, 10**,16	pois	2, 14	o(s) provador(es)	7
nosso(s), nossa(s)	**4**	os parabéns	6	o polícia	8	provar	14
a nota	**12**	a paragem	6	político	14	próximo	6
a notícia	13	parecer	7	a ponte	16	o psicólogo	1
o noticiário	8	a parede	4	o ponto (em ~)	**6**	o público	17
Nova Iorque	12	o parque	5	pontual	6	a pulseira	18
nove	**3**	~ de campismo		por	**8, 16**	o puré	5
novecentos	**7**		19	pôr	**9, 19**	puxar	19
Novembro	**5**	~ Mayer	14	o porco	5		
noventa	**5**	a parte	6, **14**	porque	3	**Q**	
novo	6	particularmente	20	porquê	6		
o número (nº)	10, 14	partir	7, **13**, 19	a porta	6	o quadrado (aos ~s)	7
o numerário	**12**	(a ~ de)	17	portanto	8	o quadro	3
nunca	6	a Páscoa	6	o Porto	3	qual, quais	1, 5
		passado	11	Portugal	1	quando	7
O		o passaporte	12	português	1	a quantia	12
		passar	6, 12, 15,	possível	10	quanto(s)	2, 7
o(s), a(s)	**1, 2**, 12, **14, 17**		16	a posta	9	quarenta	**5**
Ó…	4	passear (ir ~)	13	o postal	13	quarta-feira	**5**
O.K.	14	o passeio	**8, 16**	pouco(s), pouca(s)	4, **9**	o quarto	4
a obra	17	a pasta	3	o povo	17	~ (4º)	**7**
obrigado	2	o pastel de nata	6	a praça	8, 9	~ de hora	**6**
observar	13	o pé	**13**	~ de Londres	8	quase	**6**
os óculos	14	(a ~)	5	~ do Saldanha	8	quatro	**3**
ocupado	10	(ao ~ de)	17	~ de Touros	8	quatrocentos	**7**
ocupar	15	(de ~)	6	a praia	11	que (de ~; o ~)	3, 4, 7
oitavo (8º)	**7**	pedagógico	17	praticamente	15	quê (o ~)	6
oitenta	**5**	pedir	**8**	praticar	11	a queijadinha	8
oito	**3**	a pedra	8	prático	7	o queijo	5
oitocentos	**7**	o peito	**13**	o prazer	2, 16	queimado	18
Olá!	2	o peixe	5	o prazo	**12**	o queixo	**13**
olhar	8	a peixeira	9	precisar (de)	9, 10	quem (a ~; de ~)	2, 4, 7
o olho	**13**	a pena	15, 20	preciso (ser ~)	9, **10**	quente	8
onde (de ~)	2, 3, 6	pensar (em)	18	o preço	7	o queque	6
ontem	11	pequeno	4, **8**	o prédio	7	quer (~ … ~)	11
onze	**3**	o ~ almoço	5	preencher	12	querer	**6, 15**
a opinião	11	a pêra	9	a preferência (de ~)	10	queria	6
a oportunidade	19	perceber	7	preferido	11	querido	15
óptimo	6, **8**	perder	**6**	preferir	7	o quilo(grama) Kg	9
ora	4	~ -se	8	preferível	11	quinhentos	**7**
a ordem	**12**	perdido	8	a prenda	6	quinta-feira	**5**
a orelha	**13**	a pergunta	7	preparar	5	quinto (5º)	**7**
o ortopedista	13	perguntar	8	o presente	6	quinze	**3**
ou	1	perigoso	15	preso	19		
o Outono	**4**	a perna	**13**	pretender	10	**R**	
outro(s), outra(s)	8, **9**	perto (~ de)	18	preto	**4**		
o ouvido	13	pesado	8	previsto	20	o ramo	20
ouvir	**8**	pesar	9	a Primavera	6	a rapariga	20
Outubro	**5**	a pescada	9	primeiro	7, 8	o rapaz	20
		o pescoço	**13**	primo	2	a raqueta	4
P		péssimo	**8**	principal	10	raramente	7
		a pessoa	9	principalmente	11	a razão	4
o pacote	9	a piada	14	o problema	11	realmente	7

o recado — **14**
receber — 7
o recepcionista — 1
recordar — 20
a refeição — 7
o refresco — 18
a região — 20
regressar — 10
o regresso — 11
a régua — 3
o relatório — 16
a relva — 6
a representação — 15
representar — 17
requisitar — **12**
a reserva — 10
resolver — 6, 17
responder — 17
o restaurante — 5
o resto — 9
retribuir — 20
a reunião — 10
reunir — 17
~ -se — 9
rever — 20
a revista — 3
~ à portuguesa — 14
rigoroso — 11
o rio — 15
~ Zêzere — 15
rir-se — 14
a risca (às ~ s) — 7
o rissol — 6
o ritmo — 11
a rocha — 18
rodeado (por) — 15
o romance — 8
a roupa — 7
a rua — **8**
russo — 1

S

o sábado — **5**
saber — 6
~ (de) — 17
o saco — 9
~ cama — 19
a saia — 7
a saída — 14
sair — **8, 13**
a sala — 4
~ de aula — 4
~ de estar — 4
~ de embarque — 20
a salada — 5
o saldo — **12**
a sandes — 5
o sangue — 4
Santarém — 16
o sapato — 7
a sátira — 14

as saudades — 19
se — 1, **6**, 7, **15**
a secretária — 2,19
o século — 17
a sede — 9
seguida (em ~) — 9
seguinte — 10
seguir — 7, 16
a segunda-feira — **5**
segundo (2º) — 7
seis — **3**
seiscentos — **7**
o selo — 7
sem — 5
a semana — 5
o semanário — 7
sempre (~ que) — 5, 11
o senhor (Sr.) —
a senhora (Sra.) — **2**
sentado — 5
sentar-se — 6
sentir-se — 13
ser — **1, 2, 10, 11**
~ (de), ~ (em) — 2
sério (a ~) — 17
a serra — 15
o serviço — 7
servir-se (de) — 7
sessenta — 5
sete — **3**
Setembro — 5
setenta — 5
sétimo (7º) — **7**
seu(s), sua(s) — **4**
a sexta-feira — **5**
sexto (6º) — **7**
si — **20**
sim — 1
símbolo — 17
simpático — 11
simples — 7
Sintra — 8
o sítio — 8
a situação — 8
só — 4
sobre — 16
social — 14
a sociedade — 17
o sol — 4
a sombra — 18
o sono — 13
sozinho — 9
suave — 8
subir — 15
a Suécia — 1
sueco — 1
sujo — 15
o sumo — 5
o supermercado — 4

T

a Tailândia — 14
tal — 11
o talão — 7, **12**
o talho — 9
o tamanho — 7
também — 1
tanto(s), tanta(s) — **13**
tão — **13**
~ ... como — **11**
tarde — **8**
a ~ (à ~ ; da ~) — 1, 5, **6**
a tardinha (à ~) — 5
o táxi — 10
te — **6, 7, 14**
o teatro — 14
telefonar (a) — 5, 12
~ (para) — 10
o telefone — 14
o telemóvel — 12
a televisão — 5
a temperatura — 11
o tempo — 6
tencionar — 16
a tenda — 19
o ténis — 3
os ~ — 7
tenro — 8
tentar — 10
ter — **3, 11**
~ (de) — 6, **10**
a terça-feira — **5**
terceiro (3º) — 7
a testa — **13**
o teste — 11
teu(s), tua(s) — **4**
o texto — 8
ti — **20**
o tio — 2
o tipo — 14
tirar — 13
a toalha — 18
todo(s), toda(s) — 8, **9**
o tom — 7
tomar — 5, **12**, 20
Tomar — 15
o tomate — 5
a torrada — 5
o total — 7
trabalhar — 3
o trabalho — 9
o tradutor — 1
o transeunte — 8
o trânsito — 16
o transporte — 17
tratar (de) — 10, 20
trazer — 6, **14**
o treino — 5
três — 2, **3**
treze — **3**

trezentos — **7**
o tribunal — 2
trinta — **5**
triste — **8**
trocar — **12**
o troco — 9
Tróia — 17
tu — **2**
tudo — 8, **9**
a turma — 3

U

ucraniano — 17
ufa! — 8
último (por ~) — 7, 12
um, uma — **3**
a Universidade — 3
uns — 6
útil — 12
utilizar — 16
a uva — 11

V

o vale — **12**
valer — 20
os valores — **12**
variado — 17
vários — 12
velho — 6
o vendedor — 9
o vento — 19
ver — **7, 13**
o Verão — 4
a verdade — 14
verde — **4**
verificar — 10
vermelho — **4**
vestido — 7
o ~ — 7
vestir — 7
~ -se — 7
a vez (às ~es) — 7, 8
viajar — 10
a viagem — 10
a vida — 11
o vidro — 7
vigésimo (20º) — **7**
a vila — 8
o vinho — 5
vinte — **3, 5**
vir — **8, 16**
virar — **8**
a visita — 17
visitar — 8
a vitela — 5
viver — 5
você(s) — **1, 2, 14**
a volta — 8
(por ~de) — 10
voltar — 10

vontade	7	**Z**	a zona	20

vontade	7
o voo	10
vos	**17**
vosso(s), vossa(s)	**4**

Z

zás!	13
o Zé Povinho	17

a zona — 20

Expressões

A

A como é o quilo...?	9
a maior parte (de)	19
a pé	8
À vontade	7
Adeus	3
Ainda bem!	14
apanhar sol	18
arranjar bilhetes	20
as férias grandes	6
Até amanhã	3
Até que enfim	8

B

Bem, obrigado	2
Bem-vindo a... (a)	2
Bom	3
Bom dia	1
Boa ideia	15
Boa noite	2
Boa tarde	1

C

cair uma carga de água	19
cinco dias úteis	12
Claro!	3
claro está	20
Coitado!	8
Coitado de ...!	13
Com certeza	7
Com licença!	**14**
com os cumprimentos (de)	20
Como está?	2
Como estão?	2
Como estás?	2
à ordem	**12**
conta a prazo	**12**
correio azul	16
correr bem	16
Custou tanto a passar	13
Cuidado!	8

D

da parte (de)	**14**
de hora a hora	15
de nada	8

de tudo um pouco	15
dar atenção	10
dar aulas	9
dar erros	9
dar mergulhos	18
dar uma festa	9
dar uma volta (por)	8
Deixa cá ver	12
Deixa lá!	14
deixar recado	**14**
Desculpe	2
digamos	7
dizer que sim	20
dormir como uma pedra	8

E

É engano	**14**
É melhor	7
É o próprio	**14**
é que	1
É verdade!	14
em companhia (de)	20
em ponto	**6**
Embora	18
Está bem	7
Está cá um calor!	18
Está (lá)?	**14**

F

fazer amigos	20
fazer anos	6
fazer arrumações	13
fazer bem (em)	15
fazer calor	18
fazer carreira	15
fazer compras	8
fazer a conta	9
fazer favor (de)	9
fazer férias	7
fazer ginástica	13
fazer uma pergunta	7
fechar à chave	19
ficar admirado	20
ficar amigo (de)	20
ficar com dores (de)	13
ficar contente (por)	13
ficar de cama	11
ficar encantado (com)	16

I

ir buscar	10
ir em direcção a	15
ir de férias	11
ir em negócios	11
ir em trabalho	11
ir passear	13
ir ter (a)	14
ir-se embora	19
isso é que é preciso	13

L

logo à tarde	8

M

mais ou menos	19
marcar uma consulta	13
mas é	8
matar saudades (de)	19
montar a tenda	19
Muito bem, obrigado	2
Muito gosto	2
Muito obrigado	6
Muito prazer	2
Muitos parabéns	6

N

nada de exageros...!	13
Não faz mal	8
não senhor	11
Não tem de quê	12
nem nada	15

O

o ano que vem	20
o último grito	7
Olha (a Ângela)!	8
Olhe...	8
Óptimo	8
Os meus parabéns	6

P

pagar em cheque	12
pagar em dinheiro	12

Parabéns	6
passar um cheque	12
passar férias	6
passar a noite	15
pedir desculpa	8
pedir emprestado	8
Podia	8
por favor	6
pôr a mesa	9

Q

Que desejam?	6
Que pena!	15
Que tal?	11
Queria	6

S

Se calhar	4
se faz favor	6
Sei lá!	7
ser necessário	14
ser possível	10
ser preciso	9, **10**
ser preferível	11
ser tarde	6
Sim, sem dúvida	11
sim, senhor	11

T

ter anos	3
ter azar	13
ter uma consulta	13
ter dificuldade (em)	11
ter dores	13
ter êxito	17
ter fome	5
ter frio	9
ter idade	3
ter oportunidade (de)	19
ter problemas (em)	11
ter razão	4
ter saudades (de)	20
tirar um curso	11
tirar ideias	11
Toma, (Ângela)	20

Apêndice Lexical

tomar { banho	15	
tomar { um comprimido	13	
trocar impressões	7	

U

Um beijinho (de)	15
Um bocadinho	3
um bocado	16

V

Vá lá	9
valer a pena	20
Vamos?	3
Vamos embora	6
vir a calhar	8

Português	Alemão	Espanhol	Francês	Inglês
abaixo	unter	abajo	en-bas	under
abraço	umarmen	abrazo	prendre dans ses bras	to hug
Abril	April	abril	avril	April
abrir	aufmachen, (er)öffnen	abrir	ouvrir	to open
absolutamente	absolut	absolutamente	absolument	absolutely
acabar	aufhören	acabar	terminer	to finish
acampar	zelten	acampar	camper	to camp
acção, a	Handlung	acción	action	action
achar	glauben, finden	creer	croire que	to find, think
acidente, o	Unfall	accidente	accident	accident
acolher	aufnehmen, beherbergen	acoger	accueillir	to welcome
acompanhar	begleiten	acompañar	accompagner	to accompany, monitor
acontecer	geschehen, passieren	suceder, pasar	se produire	to happen
acordar	aufwachen	despertarse	se réveiller	to wake up
Açores, os	Azoren	Azores (las)	Açores	the Azores
actualmente	gegenwärtig	actualmente	actuellement	nowadays
adepto, o	Fan, Anhänger	adepto, aficionado	adepte, amateur	fan
adeus	Auf Wiedersehen!	adiós	au revoir	good-bye
admirado	erstaunt, verwundert	admirado	étonné	surprised
admirador, o	Bewunderer	admirador	admirateur	admirer
adorar	"Sehr toll finden"	adorar	adorer	to love
advogado, o	Rechtsanwalt	abogado	avocat	lawyer
aeroporto, o	Flughafen	aeropuerto	aéroport	airport
Aeroporto da Portela, o	Lissabonner Flughafens	aeropuerto de Lisboa	aéroport de Lisbonne	Lisbon airport
afinal	also, doch	al final	alors en fait	so... after all
agência, a	Agentur	agencia	agence	agency
agenda, a	Taschenkalender	agenda	agenda	diary
agitado	unruhig, hektisch	agitado	agité	trouble
agora	jetzt	ahora	maintenant	now
Agosto	August	agosto	août	August
agradável	angenehn	agradable	agréable	pleasant
agradecer	danken	agradecer	remercier	to thank
agriões, os	Brunnenkresse	berros	cresson	water-cress
água	wasser	agua	eau	water
aguardar	warten	esperar	attendre	to wait
ah!	ah!	¡ah!	ah!	ah! really
aí	da, dort	ahí	là-bas	there
ainda	noch	todavía, aún	encore	still, yet
ajuda, a	Hilfe	ayuda	aide	help
ajudar	helfen	ayudar	aider	to help
além disso	ausserdem	además	en plus	besides
Alemanha, a	Deutschland	Alemania	Allemagne	Germany
alemão	deutsch, Deutscher	Alemán	allemand	German
alentejano	aus dem *Alentejo*	Alentejo	Alentéjan	from *Alentejo*
alface, a	Kopfsalat	lechuga	laitue	lettuce
alfândega, a	Zollamt	aduana	douane	Customs
Algarve, o	Algarve	Algarve	Algarve	the Algarve
algum(ns), alguma(s)	einige	algún, algunos, alguna(s)	certain(e)s, quelques	some
alguém	jemand	alguien	quelqu'un	someone
algarvio	algarvisch	del Algarve	Algarvian	Algarvian
ali	dort	allí	là-bas	there
almoçar	zu Mittag essen	almorzar, comer	déjeuner	to have lunch
almoço, o	Mittagessen	almuerzo, comida	déjeuner	lunch
alto	gross, hoch	alto	grand	high, tall
altura, a	Zeipunkt; Grösse	momento	moment	right time/moment
alugar	mieten	alquilar	louer	to rent, hire
aluno, o	Schüler	alumno	élève	pupil
amador	Amateur	amateur, aficionado	amateur	amateur
amanhã	morgen	mañana	demain	tomorrow
amarelo	gelb	amarillo	jaune	yellow
amargo	bitter	amargo	amer	bitter
ambas	beide	ambas	les deux	both
ambiente, o	Atmosphäre	ambiente	ambiance	atmosphere
americano	amerikanisch, Amerikaner	estadounidense	américain	American
amigo, o	Freund	amigo	ami	friend
ananás, o	Ananas	piña	ananas	pineapple
andar, o	Stockwerk, Wohnung	piso	appartement	flat, apartment
andar	gehen	ir	marcher	to walk
andar (a)	etwas zu tun	estar haciendo algo	être en train de	to be doing...
andar (de)	fahren mit	andar (en)	aller en/à	to go by (transport)
andar (em)	besuchen (Institution)	ir (a)	fréquenter/aller	to be in, attend
andebol, o	Handball	balonmano	hand-ball	handball
animado	lebhaft	animado	animé	lively
aniversário, o	Geburtstag	cumpleaños	anniversaire	birthday, anniversary
ano, o	Jahr	año	année, an	year
anotar	aufschreiben, notieren	anotar, apuntar	noter	to note
anteontem	vorgestern	anteayer, antes de ayer	avant – hier	the day before yesterday

Léxico

Português	Alemão	Espanhol	Francês	Inglês
anterior	voriger	anterior	antérieur	previous, former
antes (antes de)	vorher; (be)vor	antes (antes de)	avant; plutôt	before
antigo	alt	antiguo	ancien	old, former
antipático	unsympathisch	antipático	antipathique	unpleasant
aonde	wohin	¿dónde?, ¿adónde?	où	where to
apanhar	nehmen	coger, tomar	prendre	to catch
aparelhagem, a	Stereoanlage	equipo de música	chaîne stéréo	stereo
aparelho, o	Apparat	aparato	appareil	equipment, machine
apartamento, o	appartement	apartamento, piso	appartement	apartment, flat
apenas	nur	sólo	seulement	only, just
apetecer	Lust haben auf/zu	apetecer	avoir envie	to feel like
aprender	lernen	aprender	apprendre	to learn
apropriado	geeignet	apropiado	approprié	suitable, proper
aproveitar	(aus) nutzen	aprovechar	profiter	to take advantage of
aproximadamente	ungefähr	aproximadamente	environ	approximately
aquecer	heinss machen	calentar	chauffer	to heat
aquele(s), aquela(s)	jene/r/s; dieser/e/s	aquel(los), aquella(s)	celui/ceux/celle(s);ce(s)/cet(te)	that, those
aqui	hier	aquí	ici	here
aquilo	dieses	aquello	cela	that (pron.)
área, a	Fläche	área	surface	area
areia, a	Sand	arena	sable	sand
armário,o	Schrank	armario	armoire	cupboard
arquiteto, o	Architekt	arquitecto	architecte	architect
arranjar	abfertigen	preparar	préparer	to prepare; to get
arranjo, o	Reparatur	reparación	réparation	repair
arrecadação, a	Abstellraum	trastero	cagibi	storage, box-room
arroz, o	Reis	arroz	riz	rice
arrumação, a	Aufräumen	acto de poner orden	le rangement	neatness, tidiness
arrumar	aufräumen	recoger	ranger	to tidy
arte, a	Kunst	arte	art	art
artigo,o	Artikel	artículo	article	article
artista, o	Künstler	artista	artiste	artist
artistico	Künstlerisch	artístico	artistique	artistic
árvore, a	Baum	árbol	arbre	tree
assado	geschmort	asado	rôti	roast
assíduo	eifrig	asiduo	assidu	assiduous
assim	so	así	ainsi	so, thus, like this
assinar	unterschreiben	firmar	signer	to sign
assistir (a)	dabeisein, besuchen	asistir (a)	assister à	to attend
assunto, o	Angelegenheit	asunto	affaire	subject, matter
até	bis	hasta	jusqu'à	until
atenção, a	Aufmerksamkeit	atención	attention	attention
atender	ans Telefon gehen	atender, ponerse al teléfono	répondre au téléphone	to answer a phone call
atentamente	aufmerksam	atentamente, con atención	avec attention	attentively, carefully
atirar	werfen, schiessen	tirar, lanzar	jeter, lancer	to throw
atrás (atrás de)	zurück, hinten; hinter	detrás (de)	derrière	behind, back
atrasado	zu spät, verspätet	atrasado, retrasado	en retard	late
atraso, o	Verspätung	retraso	retard	delay
atravessar	überqueren	cruzar	traverser	to cross
aula, a	Unterrischtsstunde	clase	cours, leçon	class
Áustria, a	Österreich	Austria	Autriche	Austria
austríaco	österreichisch, Österreicher	austriaco	autrichien	Austrian
auto-estrada, a	Autobahn	autopista	autoroute	motorway
autocarro, o	Bus	autobús	autobus	bus
avaria, a	Defekt	avería	panne	breakdown
avenida (Av.), a	Allee	avenida	avenue	avenue
avião, o	Flugzeug	avión	avion	plain
avô, o	Grossvater	abuelo	grand-père	grandfather
avó, a	Grossmutter	abuela	grand-mère	grandmother
avós, os	Grosseltern	abuelos	grand-parents	grandparents
azar, o	Pech	mala suerte	malchance	badluck
azul	blau	azul	bleu	blue
bacalhau, o	Stockfisch	bacalao	morue	cod-fish
Baixa, a	Innenstadt	casco antiguo	centre ville	city center; downtown
baixar	sinken	bajar	baisser	to drop/lower
baixo, em	klein, niedrig; unter	debajo	en bas	low, down
banana, a	Banane	plátano	banane	banana
banca, a	Stand	puesto	étalage	stall
bancário	Bank…	bancario	bancaire	bank, banking
banco, o	Bank	banco	banque	bank
bandeira, a	Flagge	bandera	drapeau	flag
banho, o	Bad	baño	bain	bath
barato	billig	barato	bon marché	cheap
barco, o	Schiff, Boot	barco	bateau	boat, ship
barriga, a	Bauch	barriga	ventre	stomach, belly
barulho, o	Lärm, Krach	ruido	bruit	noise

Português	Alemão	Espanhol	Francês	Inglês
basquetebol, o	Basketball	baloncesto	basket-ball	basketball
bastante	ziemlich (viel); genug	bastante, mucho	assez	sufficient, enough
batata, a	Kartoffel	patata	pomme de terre	potato
batido, o	Milchmixgetränk	batido	milk-shake	milk-shake
bebé, o	Baby	bebé	bébé	baby
beber	trinken	beber	boire	to drink
bebida, a	Getränk	bebida	boisson	drink
beijinho, o	Küsschen	beso	bisou, bise	kiss
beleza, a	Schönheit	belleza	beauté	beauty
belga	belgisch, Belgier	belga	belge	Belgian
Bélgica, a	Belgien	Bélgica	la Belgique	Belgium
bem	gut (Adv.)	bien	bien	well
Benfica, o	Fussballverein in Lissabon	Benfica (club de fútbol)	club de football de Benfica	Benfica
bem-vindo	willlkommen	bienvenido	bienvenu	welcome
biblioteca, a	Bibliothek	biblioteca	bibliothèque	library
bica, a	Kaffee (Expresso)	café solo	café noir	Expresso (coffee)
bicha, a	Schlange, Reihe	cola	file, queue	queue
bicicleta, a	Fahrrad	bicicleta	vélo	bicycle
bife, o	Steak	bistec, filete	steak	steak
bilhete, o	Eintritts	billete	billet	ticket
Boavista, o	Fussballverein in Porto	Boavista (club de fútbol)	club de football de Boavista	Boavista
boca, a	Mund	boca	bouche	mouth
bocadinho, o	ein bisschen	un poquito, un momento	un petit peu	a little bit
bocado, o	Stück	un poco	le morceau, un peu	a bit
bola, a	Bail	pelota, balón	balle, ballon	ball
boleia (à boleia), a	Mitfahrgelegenheit; trampen	auto-stop, en auto-stop	auto-stop (en auto-stop)	to hitchhike
bolinho, o	Kaffeestückchen	pastelito	petit gâteau	small cake
bolo, o	Kuchen	pastel	gâteau	cake
bolso, o	Tasche (bei Kleidung)	bolsillo	poche	pocket
bom, boa	gut	bueno, buena	bon, bonne	good
bonito	schön	bonito	beau	beautiful
borracha, a	Radiergummi	goma	gomme	rubber
braço, o	Arm	brazo	bras	arm
branco	weiss	blanco	blanc	white
branquinho	ganz weiss	blanquito	bien blanc	white
Brasil, o	Brasilien	Brasil	le Brésil	Brazil
brasileiro	brasilianisch, Brasilianer	brasileño	brésilien	Brazilian
brincar	spielen (mit Spielzeug)	jugar	jouer	to play
buscar (ir buscar)	(ab)holen, suchen	buscar (ir a buscar)	chercher (aller chercher)	to fetch
cá	hier	aquí	ici	here
cabeça, a	Kopf	cabeza	tête	head
cabeleireiro, o	Friseur	peluquero	coiffeur	hairdresser
cabelo, o	Haar	pelo	cheveux	hair
cabo-verdiano, o	Kapverdier	caboverdiano	capverdien	Cape Verdean
cacho, o	(Frucht) Traube	racimo	grappe	bunch (fruit)
cada	jede/r/s	cada	chaque	each, every
cadeira, a	Stuhl	silla	chaise	chair
caderno, o	Heft	cuaderno	cahier	notebook
café, o	Kaffee	café	café	coffee
caixa, o	Kassierer	caja	caisse	cashier
cair	fallen	caer(se)	tomber	to fall
calças, as	Hose	pantalón	pantalon	trousers
calhar	passen, fallen(Datum)	ser oportuno; caer	tomber (à pic)	to fall (on a date)
calmo	ruhig	tranquilo	calme	calm
calor, o	Hitze	calor	chaleur	heat
cama, a	Bett	cama	lit	bed
caminho, o	Weg	camino	chemin	way, path
camioneta, a	(Überland) Bus	autocar	autocar	bus
camisa, a	Hemd	camisa	chemise	shirt
camisola, a	Pullover	jersey	pull-over	sweater
campeão, o	Meister	campeón	champion	champion
campo, o	Land, Gebiet	campo	campagne	field
campo de futebol, o	Fussballplatz	campo de fútbol	terrain de football	football pitch
Canadá, o	Kanada	Canadá	Canada	Canada
caneta, a	Füller	bolígrafo	stylo	pen
cansado	müde	cansado	fatigué	tired
cansativo	anstrengend	cansado, agotador	fatigant	tiring
caricatura, a	Karikatur	caricatura	caricature	caricature, cartoon
caricaturado	karikiert	caricaturizado	caricaturé	caricaturized
caricaturista, o	Karikaturist	caricaturista	caricaturiste	caricaturist
carne, a	Fleisch	carne	viande	meat
caro	teuer	caro	cher	expensive
carregar	laden, tragen	cargar	(re)charger	to load, charge
carreira, a	Weg, Laufbahn	línea	ligne de transport	route
carro, o	Auto	coche	voiture	car
carta, a	Brief	carta	lettre	letter

Léxico

Português	Alemão	Espanhol	Francês	Inglês
carteira, a	Brieftache	cartera	portefeuille	wallet
carvão, o	Kohle	carbón	charbon	coal
casa, a	Haus	casa	maison	house, home
casa de banho, a	Badezimmer	cuarto de baño	salle de bains	bathroom
casaco, o	Jacke, Jackett	abrigo, chaqueta	manteau, veste	coat
caso, o	Fall	caso	cas	case, event
castanho	braun	marrón, castaño	marron	brown
castelo, o	Burg	castillo	château	castle
catorze	vierzehn	catorce	quatorze	fourteen
causa (por causa de), a	Grund; (wegen)	causa (a causa de)	à cause (de)	because of
cavilha, a	Hering, Zeltnagel	clavija, perno	piquet de tente	bolt pin
CD, o	CD	CD	CD	CD
cedo	früh	temprano	tôt	early
cem	hundert	cien	cent	hundred
cenoura, a	Mohrrübe	zanahoria	carotte	carrot
cêntimo, o	centime	céntimo	centime	centime
cento	hundert (ab 101)	ciento	cent…	hundred
centro, o	Zentrum	centro	centre	centre
cerâmica, a	Keramik	cerámica	céramique	ceramic
cereais, os	Getreide, Getreide	cereales	céréales	cereals
certas	bestimmte	ciertas	certaines	certain
certeza, a	Sicherheit	certeza	certitude	certainty
cesto, o	Korb	cesto	panier	basket
céu, o	Himmel	cielo	ciel	sky
chá, o	Tee	té, infusión	thé; tisane	tea
chamada, a	Anruf, Aufruf	llamada	appel	call
chamar	(an)rufen	llamar	appeler	to call, phone
chamar-se	heissen	llamarse	s'appeler	to be called
champanhe, o	Sekt	cava	champagne	champagne
chão, o	Fussboben	suelo	sol	floor
chapéu, o	Hut	sombrero	chapeau	hat
chapéu-de-chuva, o	Regenschirm	paraguas	parapluie	umbrella
chapéu-de-sol, o	Sonnenschirm	sombrilla	parasol	sunshade
chave, a	Schlüssel	llave	clé	key
chávena, a	Tasse	taza	tasse	cup
chegar	ankommen, reichen	llegar	arriver	to reach, arrive
chegar (a)	ankommen (in)	llegar (a)	arriver à	to reach, arrive in/at
cheio	voll	lleno	plein	full
cheque, o	Scheck	cheque	chèque	cheque
Chile, o	Chile (das)	Chile	Chili	Chile
chileno	Chilene	chileno	chilien	Chilean
chocolate, o	Schokolade	chocolate	chocolat	chocolate
chover	regnen	llover	pleuvoir	to rain
chuva, a	Regnen	lluvia	pluie	rain
cidade, a	Stadt	ciudad	ville	city
Ciências, as	Naturwissenchaften	Ciencias	Sciences	Sciences
cima (em cima de)	(auf)hoch	encima (de)	au-dessus (de)	on
cinema, o	Kino	cine	cinéma	cinema
cinco	fünf	cinco	cinq	five
cinquenta	fünfzig	cincuenta	cinquante	fifty
cinzento	grau	gris	gris	grey
claro	Klar, natürlich!	claro, sin duda	bien sûr	of course
claro	hell	claro	clair	light
cliente, o	Kunde	cliente	client	client
clube, o	Verein	club	club	club
coisa, a	Ding, Sache	cosa	chose	thing
coitado!	Arme!	¡pobrecito!	le pauvre!	poor thing!
colchão, o	Malratze	colchoneta	matelas	mattress
colega, o	Kollege	amigo, compañero	camarade; collègue	colleague
com	mit	con	avec	with
combinar	(sich) verabreden	concertar (una cita), quedar	donner rendez-vous	to arrange, fix a date/hour
comboio, o	zug	tren	train	train
começar	anfagen	empezar	commencer	to begin
comer	essen	comer	manger	to eat
cómico	komisch, lustig	cómico	comique	funny, comical
comida, a	Essen	comida	nourriture	food
comigo	mit mir	conmigo	avec moi	with me
como	wie	como	comme	like, as, how
companhia, a	die Gesellschat, Begleitung	compañía	compagnie	company
completamente	völling	completamente	complètement	completely
composição, a	Aufsatz	redacción	composition	composition
comprar	kaufen	comprar	acheter	to buy
compras, as	Einkäufe	compras	achats	shopping
compreender	verstehen	comprender, entender	comprendre	to understand
comprido	lang	largo	long	long
comprimido, o	Tablette	comprimido, pastilla	comprimé	pill

Léxico

Português	Alemão	Espanhol	Francês	Inglês
concerto, o	Konzert	concierto	concert	concert
concordar (com)	einverstandensein(mit)	estar de acuerdo	être d'accord	to agree with
concurso, o	Wettewerb, Quiz	concurso	concours	competition
conduzir	führen, lenken	conducir	conduire	to drive
confirmar	bestätigen	confirmar	confirmer	to confirm
connosco	mit uns	con nosotros	avec nous	with us
conseguir	schaffen, gelingen	conseguir	réussir	to be able to
considerar	betrachten	considerar	considérer	to consider
consigo	mit sich	consigo; con usted	avec vous (sing.)	with you (sing.- formal)
consoada, a	Abendessen am Hlg. Abend	Nochebuena	réveillon de Noël	Christmas supper
construção, a	Konstruktion	construcción	construction	construction
consulta, a	(Arzt) Termin	consulta	consultation	doctor's appointment
consultar	nachprüfen	consultar	consulter	check
consultório, o	(Arzt) Sprechzimmer	consulta	cabinet médical	consulting rooms (MD)
conta, a	Rechnung, Konto	cuenta	addition	bill
contar	(er)zählen	contar, relatar	raconter	to tell
contar (com)	rechnen mit	contar (con)	compter sur	to count on
contemporâneo	zeitgenössisch	contemporáneo	contemporain	contemporary
contente	zufrieden	contento/a	content(e)	pleased
contigo	mit dir	contigo	avec toi	with you (sing.-informal)
contrário (ao contrário de), o	Gegenteil (im Gegenteil zu)	contrario (al contrario de)	contraire (à l'inverse de)	opposite, on the contrary
contudo	jedoch	no obstante	toutefois	however
convento, o	Konvent	convento	couvent	convent
conversa, a	Gespräch	conversación	conversation	conversation, talk
conversar	sich unterhalten	conversar	discuter	to talk
conversar (sobre)	sich unterhalten über	conversar sobre	discuter de	to talk about
convidado, o	Gast	el invitado	invité	guest
convidar	einladen	invitar	inviter	to invite
convosco	mit euch/Ihnen	con vosotros	avec vous (pluriel)	with you (plural)
copo, o	Glas	vaso	verre	glass
cor, a	Farbe	color	couleur	colour
cor-de-laranja	orange	color naranja	Orange	orange (colour)
cor-de-rosa	rosa	color rosa	rose	pink
corda, a	Schnur	cuerda	corde	string, rope
corpo, o	Körpner	cuerpo	corps	body
correio, o (azul)	(Eil)post	correo	courrier (urgent)	post, mail
correr	laufen, rennen	correr	courir	to run
corrigir	verbessern	corregir	corriger	to correct
cortar	schneiden, abbiegen	cortar	couper, tourner	to cut
costas, as	Rücken	espalda	dos	back
costeleta, a	Kotelett	chuleta	côtelette	chop (food)
costumar(a)	(etwas)gewöhnlich tun	acostumbrar (a), soler	avoir l'habitude	to be used to
costume, o	Gewohnheit, Brauch	costumbre	habitude	habit
costume de	wie gewöhnlich	costumbre de	habitude de	as usual
cotação, a	(Wechsel) Kurs	cotización	cours de bourse	exchange rate
cotovelo, o	Ellbogen	codo	coude	elbow
couve, a	Kohl	col	chou	cabbage
cozer	kochen	cocer, hervir	cuire; bouillir	to cook
cozido	gekocht	cocido	cuit; bouilli	cooked
cozinha, a	Küche	cocina	cuisine	kitchen
creditar	gutschreibe	acreditar	créditer	to credit
criança, a	Kind	niño	enfant	child
criar	schaffen	crear	créer	to create
crítico	kritisch	crítico	critique	critical
cuidado!	Vorsicht!	¡Cuidado!	attention!	be careful!
cultural	kulturell	cultural	culturel	cultural
cumprimentos	Grüsse	saludos	salutations	compliments
curso, o	Studium, Kurs	carrera	cours, études	course
curto	kurz	corto	court	short
custar	kosten, schwer fallen	costar	coûter	to cost
dançar	tanzen	bailar	danser	to dance
dar	geben, reichen	dar	donner	to give
data, a	Datum	fecha	date	date
de	von, aus, mit	de	de	of, from, by, off
debaixo (debaixo de)	unter(unten)	debajo (debajo de)	en dessous	under
debitar	belasten	debitar	débiter	to debit, charge
decidir	enstscheiden	decidir	décider	to decide
decidir-se	sich enstscheiden	decidirse	se décider	to make up one's mind
décimo (10º.)	zehnter/r/s	décimo	dixième	tenth
décimo primeiro (11º.)	elfter	undécimo	onzième	eleventh
décimo segundo (12º.)	zwölfter	duodécimo	douzième	twelfth
dedicar-se (a)	sich etwas widmen	dedicarse a	se consacrer	to devote oneself to
dedo, o	Finger	dedo	doigt	finger
deitado	gelegt, liegend	acostado, tumbado	couché	lying down
deitar-se	sich legen	acostarse	se coucher	to lay down
deixar	lassen	dejar	laisser	to let, leave
dele(s), dela(s)	sein(e), ihr(e)	su(s); suyo(s) / suya(s)	son; sa; ses; leur, leurs; sien(s); sienne(s)	his, her, hers, their, theirs

Léxico

Português	Alemão	Espanhol	Francês	Inglês
delicioso	köstlish	delicioso, exquisito	délicieux	delicious
dente, o	Zahn	diente	dent	tooth
dentro (dentro de)	drinnen,(in)	dentro (dentro de)	dans (d'ici)	inside, in, within
depois (depois de)	danach;(nach)	después (después de)	après	after
depositar	deponieren	ingresar	déposer	to deposit (banking)
depósito, o	Einzahlung	ingreso	dépôt	deposit
depressa	schnell (Adv.)	deprisa	vite	quickly
descansar	sich ausruhen	descansar	se reposer	to relax
descer	hinuntergehen	bajar	descendre	to go down
desculpa, a	Entschuldigung	disculpa	excuse	excuse
desculpe	Entschuldigen Sie!	disculpe	excusez-moi	sorry
desde (desde que)	seit	desde (desde que)	depuis (que)	since
desejar	wünsschen	desear	désirer	to want, wish
desejoso	begierig	deseoso	désireux	looking forward
desenhador	Zeichner	diseñador, dibujante	dessinateur	designer
desgraça, a	Unglück	desgracia	malheur	disgrace
despachar-se	sich beeline	darse prisa	se dépêcher	to hurry
despir	ausziehen	quitarse la ropa	enlever un vêtement	to take off, undress
desporto, o	Sport	deporte	sport	sport
determinado	bestimmt	determinado	déterminé	certain
dever	sollen, müssen	deber	devoir	must/to have to
dez	zehn	diez	dix	ten
dezanove	neunzehn	diecinueve	dix-neuf	nineteen
dezasseis	sechzehn	dieciséis	seize	sixteen
dezassete	siebzehn	diecisiete	dix-sept	seventeen
Dezembro	Dezember	diciembre	décembre	December
dezoito	achtzehn	dieciocho	dix-huit	eighteen
dia, o	Tag	día	jour	day
dicionário, o	Wörterbuch	diccionario	dictionnaire	dictionary
diferente	verschieden	diferente	différent	different
difícil	schwer, schwierig	difícil	difficile	difficult
dificuldade, a	Schwierigkeit	dificultad	difficulté	difficulty
digamos	"Sagen wir mal,.."	digamos	disons	let's say
dinheiro, o	Geld	dinero	argent	money
direcção (em direcção a), a	(in) Richtung	dirección, (en dirección a)	direction (vers)	direction (in the direction of / towards)
director, o	Direktor	director	directeur	director, manager
direita (à direita), a	rechten Seite; rechts	derecha (a la derecha)	droite (à droite)	right (on the right)
direito	recht/r/s	derecho	tout droit	right
dirigir-se (a)	sich wenden(an)	dirigirse (a), ir (a)	se diriger, s'adresser à	to go to
ditado, o	Diktat	dictado	dictée	saying, proverb
disco, o	Schallplatte	disco	disque	record
divertido	lustig	divertido	amusant	funny
divertir	unterhalten; vergnügen	divertir	amuser	to amuse, entertain
dividir	teilen	dividir	partager	to share, divide
dizer	sagen	decir	dire	to say, tell
dizer (de)	sagen über, zu	decir (de)	dire (de)	to say (about)
doce	süss	dulce	sucré	sweet
documento, o	Dokument	documento	document	document
doença, a	Krankheit	enfermedad	maladie	illness, disease
doer	weh tun	doler	faire mal	to ache, hurt, be painful
doente	krank	enfermo	malade	sick, ill
dois	zwei (mask.)	dos (masculino)	deux (masculin)	two
dólar, o	Dollar	dólar	dollar	dollar
domingo, o	Sonntag	domingo	dimanche	Sunday
Dona (D.), a	höfl., Anredef., Frau	señora (Sra.)	Madame	Miss/Mrs. (courtesy title)
dor, a	Schmerz	dolor	douleur	pain, ache
dorido	schmerzerfüllt	dolorido	endolori	painful, aching
dormir	schlafen	dormir	dormir	to sleep
dose, a	Portion	ración	dose	dose, portion (meal)
Doutor (Dr.), o	Herr Doktor	doctor (Dr.)	Docteur	Doctor
Doutora (Dra.), a	Frau Doktor	doctora (Dra.)	Docteur (fem.)	Doctor
doze	zwölf	doce	douze	twelve
duas	zwei (fem.)	dos (femenino)	deux (féminin)	two
durante	während	durante	pendant	during, for
duro	hart	duro	dur	hard
dúvida, a	Zweifel	duda	doute	doubt
duzentos	zweihundert	doscientos	deux cents	two hundred
DVD, o	DVD	DVD	DVD	DVD
e	und	y	et	and
economista, o	der Wirstschaftswissenschaftler	economista	économiste	economist
edifício, o	das Gebäude	edificio	bâtiment	building
ele(s), ela(s)	er, sie; sie (pl.)	él, ellos, ella(s)	il, lui; ils, eux; elle; elles	he, she, they
electricista, o	Elektriker	electricista	électricien	electrician
elevador, o	Fahrstuhl	ascensor	ascenseur	lift, elevator
em	in	en	dans, sur, en	in, inside, on, at

Português	Alemão	Espanhol	Francês	Inglês
embora	los! obwohl	vámonos	allons-nous-en	let's go
ementa, a	Speisekarte	menú, carta	menu	menu, list (food)
empregado, o	Angestellte	empleado	employé	employee
emprego, o	Arbeit, Stelle	empleo	emploi	job
empresa, a	Betrieb	empresa	entreprise	company
emprestado	geliehen	prestado	prêté	borrowed
encantado	entzückt, hingerissen	encantado	enchanté	delighted, charmed
encarnado	rot	rojo, encarnado	rouge	red
encomenda, a	Paket	pedido, paquete	commande, coli	order, parcel
encontrar	finden	encontrar	rencontrer, trouver	to find, meet
encontrar-se (com)	sich treffen	encontrarse con alguien	rencontrer quelqu'un	to meet someone
endiabrado	unartig	endiablado	endiablé	naughty, devilish
enfermeiro, o	Krankenpfleger	enfermero	infirmier	nurse
enfim	endlich	en fin	enfin	finally
enganar-se (em)	sich irren	equivocarse en	se tromper	to mistake, make a mistake
engano, o	Irrtum	la equivocación, el error	erreur	mistake
engenheiro, o	Ingenieur	el ingeniero	ingénieur	engineer
enorme	riesig	enorme	gigantesque	huge
enquanto	während, solange	mientras	alors que	while
entanto (no entanto)	(inzwischen), jedoch	en tanto, sin embargo	pourtant, toutefois	however
então	dann, nun, also	entonces	alors	so, then
entardecer (ao entardecer), o	in der Dämmerung	el atardecer (al atardecer)	(à) la tombée du jour	at dusk
entrar	eintreten	entrar	entrer	to go in
entre	zwishen	entre	entre, parmi	between, among
entregar	abgeben, (ab)liefern	entregar	livrer, remettre	to deliver
enviar	schicken	enviar	envoyer	to send
eléctrico, o	Strassenbahn	el tranvía	tramway	tram
época, a	Epoche, Saison	la época	époque	season
equipa, a	Mannschaft	el equipo	équipe	team
erro, o	Fehler	el error	erreur	mistake, fault
escadote, o	Leiter	la escalera	escabeau	ladders
escalope, o	Schnitzel	el escalope	escalope	cutlet
escola, a	Schule	el colegio, el cole	école	school
escolher	aussachen	escoger, elegir	choisir	to choose
escrever	schreiben	escribir	écrire	to write
escritor, o	Schriftsteller	el escritor	écrivain	writer
escritório, o	Büro	el despacho, el bufete	bureau	office
euro, o	euro	el euro	euro	euro
escuro	dunkel	oscuro	sombre	dark
Espanha, a	Spanien	España	Espagne	Spain
espanhol	spanisch, Spanier	español	espagnol	Spanish
especialmente	besonders	especialmente	spécialement	specially
espectáculo, o	Vorstellung	el espectáculo	spectacle	show
espectador, o	Zuchauer	el espectador	spectateur	spectator
espera, a	Warten	la espera	attente	wait
esperar	warten	esperar	attendre	to wait
esperar por	warteen auf	esperar por alguien	attendre (quelqu'un)	to wait for
esquecer	vergessen	olvidar	oublier	to forget
esquecer-se de	etwas vergessen	olvidarse de	oublier de	to forget
esquerda (à esquerda) a	linke Seite; links	la izquierda (a la izquierda)	gauche; à gauche	left; on the left
esquerdo	links	izquierdo	gauche	left (adj.)
esse(s); essa(s)	der/dieser da, die/diese da	ese, esos, esa(s)	celui-là;celle(s) – là;ceux-là	that, those
essencialmente	wesentlich	esencialmente	essentiellement	essentially
estação, a	Jahreszeit	estación	saison	season (weather)
estacionar	parken	estacionar, aparcar	stationner	to park
estádio, o	Stadium	estadio	stade	stadium
Estádio Nacional, o	Nationalstadion	Estadio Nacional	stade national	national stadium
estado, o	Zustand	estado	état	state, condition
Estados Unidos da América, os	U.S.A.	Estados Unidos (EE.UU.)	Etats-Unis	the U.S.A.
estalagem, a	Gasthaus	Parador, albergue	auberge	country inn
estar	sein	estar	être	to be
estar a	gerade etwas tun	estar haciendo	être en train de	to be + gerund
estar a par de	im Bilde sein über	estar al corriente de	être au courant de	to be aware/update
este(s); esta(s)	diese(r). der/die hier	este, estos, esta(s)	celui-ce;celle(s)-ci;ceux-ci	this, these
esticar	spannen	estirar	tendre	to stretch
estrada, a	Landstrasse	carretera	route	road
estrangeiro, o	Ausland, Ausländer	extranjero	étranger	foreign
estudante, o	Student	estudiante	étudiant	student
estudar	studieren, lernen	estudiar	étudier	to study
estudo, o	Studium	estudio(s)	étude	study
etiqueta, a	Etikett	etiqueta	étiquette	etiquette
eu	ich	yo	je	I
exagero, o	Übertreibung	exageración	exagération	exaggeration
exame, o	Prüfung	examen	examen	examination
exemplo (por exemplo), o	Beispiel (zum Beispiel)	ejemplo (por ejemplo)	exemple (par exemple)	(for) example
exercer	ausüben	ejercer	exercer	to practice

Léxico

Português	Alemão	Espanhol	Francês	Inglês
exercício, o	Übung	ejercicio	exercice	exercise
êxito, o	Erfolg	éxito	succès	success
experimentar	ausprobieren	probar	expérimenter	to try, experiment
exposição, a	Ausstellung	exposición	exposition	exhibition
extracto, o	Auszug, Extrakt	extracto	extrait	extract
fábrica, a	Fabrik	fábrica	usine	factory
fábula, a	Fabel	fábula	fable	fable
fácil	leich	fácil	facile	easy
facilidade(com facilidade),a	(mit) Leichtigkeit	facilidad (con facilidad)	facilité (facilement)	facility (easily)
factura, a	Rechnung	factura	facture	invoice
Faculdade, a	Fakultät	Facultad	Faculté	Faculty
falar	sprechen	hablar	parler	to speak
falar com	sprechen mit	hablar con	parler avec, à	to talk to
falar de	sprechen von	hablar de	parler de	to talk about
falar sobre	sprechen über	hablar sobre	discuter de	to speak on
faltar	fehlen	faltar	manquer	to lack
família, a	Familie	familia	famille	family
famoso	berühmt	famoso	fameux; célèbre	famous
farmácia, a	Apotheke	farmacia	pharmacie	chemist's
farto	satt, voll	harto	en avoir assez	bored, fed up
fatia, a	Scheibe (Essen)	trozo, porción	tranche, part	slice
fato de banho, o	Badeanzug	bañador	maillot de bain	swimming suit
favor, o	Gefallen	favor	service	favour
fazer	machen	hacer	faire	to do, make
febra, a	mag. Schweinefl	filete	steak	pork steak
fechar	schliessen, zumachen	cerrar	fermer	to close
feio	hässlich	feo	laid	ugly
Feira Internacional de Lisboa	Int.Messe Lissabon	Feria Internacional de Lisboa	Foire Int. de Lisbonne	Lisbon International Fair
feliz	glücklich	feliz	heureux	happy
feriado, o	Feiertag	festivo	jour férié	public holiday
férias, as	Ferien, Urlaub	vacaciones	vacances	holidays
festa, a	Fest, Feier	fiesta	fête	party
festejar	feiern	celebrar	fêter	to celebrate
festivo	festlish	festivo, día de fiesta	de fête	festive
Fevereiro	Februar	febrero	février	February
fiambre, o	Kochschinken	jamón york/dulce	jambon	ham
ficar	sich befinden; bleiben	estar, quedar; quedarse	rester, se trouver, être	to stay, remain, be
figura, a	Figur; Charakter	figura, personaje	personnage	character
filete, o	Flet	filete (de pescado)	filet (de poisson)	fillet
filho, o	Sohn	hijo	fils	son
filme, o	Film	película	film	film
fim, o	Ende	fin, final	fin	end
fim-de-semana, o	Wochenende	fin de semana	week-end	weekend
final, a	Finale	final	finale	final (cup – sport)
firma, a	Firma	firma, empresa	firme, entreprise	company, firm
flor, a	Blume	flor	fleur	flower
folha, a	Blatt	hoja	feuille	leaf
fome, a	Hunger	hambre	faim	hunger
fora (fora de)	draussen; ausserhalb	fuera, (fuera de)	dehors; en dehors de	out; out of
força, a	Kraft	fuerza	force	strength
forno, o	Backofen	horno	four	oven
forte	kräftig, stark	fuerte	fort	strong
fraco	schwach	débil	faible	weak
França, a	Frankreich	Francia	France	France
francês	französisch, Franzose	francés	français	French
frase, a	Satz	frase	phrase	sentence
freguês, o	Kunde	cliente	client	customer
frente (em frente de), a	Vorderseite; (gegenüber)	frente, (enfrente de)	face; en face de	front; in front of
fresco	frisch, kühl	fresco	frais	fresh
frigorífico, o	Kühlschrank	frigorífico	réfrigérateur	refrigerator
frio	kalt	frío	froid	cold
frio, o	Kälte	frío	froid	cold
frito	gebraten	frito	frit	fried
fruta, a	Obst	fruta	fruit(s)	fruit
fumar	rauchen	fumar	fumer	to smoke
Fundação Gulbenkian, a	Gulbenkian-Stiftung	Fundación Gulbenkian	Fondation Gulbenkian	Gulbenkian Foundation
fundo (ao fundo), o	Grund;(hinten)	fondo (al fondo)	fond; au fond	bottom, over there
futebol, o	Fussball	fútbol	football	football
galão, o	grosser Milchkaffee	café con leche en vaso	verre de café au lait	a glass of white coffee
ganga (calças de),	Jeans	vaqueros, tejanos	jean (tissu)	denim
garoto, o	kleiner Milchkaffee	cortado claro	petit café au lait	a cup of white coffee
gás, o	Kohlensäure; Gas	gas	gaz, bulles	fiz
gastar	ausgeben, verbrauchen	gastar	dépenser	to spend
geleira, a	Kühltasche	nevera portátil	glacière	picnic ice-box
género, o	Art	género	genre	type, kind

Português	Alemão	Espanhol	Francês	Inglês
gente, a	Leute	gente	gens	people
geral	allgemein	general	général	general
gesso, o	Gips	yeso	plâtre	plaster
ginástica, a	Gymnastik	gimnasia	gymnastique	gymnastics
giro	toll, schönn, nett	divertido	chouette, sympa	nice, cute
Goa	Goa	Goa	Goa	Goa
golfe, o	Golf	golf	golf	golf
gordo	dick	gordo	gros	fat
gostar (de)	gern haben	gustar	aimer	to like
gosto, o	Freude	gusto	plaisir	pleasure
graduação, a	der % Gehalt	graduación	degré	level
graduado	alkoholhatik	graduado	degré d'alcool	level of alcohol (wine)
gráfico	grafisch	gráfico	graphique	graphic
gramática, a	Grammatik	gramática	grammaire	grammar
grande	gross	grande	grand, grande	big
Grécia, a	Griechenland	Grecia	Grèce	Greece
grelhado	gegrillt	a la plancha, a la brasa	grillé	grilled
gripe, a	Grippe	gripe	grippe	influenza
grito, o	Schrei	grito	cri	shout
grupo, o	Gruppe	grupo	groupe	group
guardar	aufbewahren, behalten	guardar	garder, ranger	to keep
guiar	fahren, lenken	conducir	conduire	to drive
há	es gibt; há+Zeit: vor	hay	il y a	there is, are
houve	es gabt	hubo	il y a eu	there was, were
haver de	sollen	tener que, haber de	falloir, devoir	to have to
história, a	Geschichte	historia	histoire	story
hoje	heute	hoy	aujourd'hui	today
Holanda, a	Holland	Holanda,	Pays-Bas	The Netherlands
holandês	holländisch, Holländer	holandés	néerlandais	Dutch
hora, a	Uhr, Stunde	hora	heure	hour
hospedado	untergebracht	hospedado	hébergé	lodged
hospital, o	Krankenhaus	hospital	hôpital	hospital
hospitalidade, a	Gastfreundschaft	hospitalidad	hospitalité	hospitality
hotel, o	Hotel	hotel	hôtel	hotel
humano	menschlich	humano	humain	human
idade, a	Alter	edad	âge	age
ideia, a	Idee	idea	idée	idea
igreja, a	Kirche	iglesia	église	church
ilha, a	Insel	isla	île	island
imaginar	sich vorstellen	imaginar	imaginer	to imagine
imediatamente	sofort	inmediatamente	immédiatement	immediately
imenso	unermässlich	mucho	énormément	very much
importante	wichtig	importante	important	important
importar-se (de)	jdm. etwas ausmachen	importarle a alguien	déranger	to mind
impressão, a	Eindruck	impresión	impression	idea
impresso, o	Formular	impreso, formulario	imprimé, formulaire	form
incluído	inklusive	incluido	inclus	included
Índia, a	Indien	India	Inde	India
indiano	indisch	indio, hindú	Indien	Indian
individual	Einzel…	individual	individuel	individual
infelizmente	leider	lamentablemente	malheureusement	unhappily
informação, a	Auskunft	información	information	information
Inglaterra, a	England	Inglaterra	Angleterre	England
inglês	englisch, Engländer	inglés	anglais	English
Instituto, o	Institut	Instituto	Institut	Institute
instruções, as	Gebrauchsanweisung	instrucciones	instructions	instructions
inteiro	ganz	entero	entier	complete, whole, entire
interessante	interessant	interesante	intéressant	interesting
interessar-se (por)	sich interessieren für	interesarse (por)	s'intéresser à	to show interest
interesse, o	Interesse	interés	intérêt	interest
internete, a	Internet	Internet	Internet	Internet
intérprete, o	Dolmetscher	intérprete	interprète	translator, interpreter
inventar	erfinden	inventar	inventer	make up, invent
Inverno, o	Winter	invierno	hiver	Winter
ir	gehen, fahren;	ir	aller	to go
irmão, o	Bruder	hermano	frère	brother
isso	as da	eso	ça,cela	that
isso, por	eshaid	por eso	c'est pourquoi	so, that is why
isto	ieses	esto	ceci	this
Itália, a	Italien	Italia	Italie	Italy
italiano	Italienisch, Italiener	italiano	italien	Italian
já	chon	ya	déjà, tout de suite	now, already, not anymore
Janeiro	Januar	enero	janvier	January
janela, a	Fenster	ventana	fenêtre	window
jantar	zu Aben essen	cenar	dîner	to have dinner
jantar, o	Abendessen	cena	dîner	dinner
jardim, o	Garten	jardín	jardin	garden

Léxico

Português	Alemão	Espanhol	Francês	Inglês
jardineiro, o	Gärtner	jardinero	jardinier	gardener
joelho, o	Knie	rodilla	genou	knee
jogador, o	Spieler	jugador	joueur	player
jogar	spielen	jugar	jouer	to play
jogo, o	Spiel	juego, partido	jeu, match	game, match
jornal, o	Zeitung	periódico	journal	newspaper
jovem, o	Jugendlicher	joven	jeune	young man
juiz, o	Richter	juez	juge	judge
Julho	Juli	julio	juillet	July
Junho	Juni	junio	juin	June
junto (a)	zusammen(bei)	junto (a), al lado de	à côté de; près de	nearby, close to
justificar	rechtfertigen	justificar	justifier	to justify
lá	da, dort	allí	là-bas	there
lábio, o	Lippe	labio	lèvre	lip
lado, o	Siete	lado	côté	side
lado, ao	daneben	lado	à côté	next to
ao lado de	neben,bei	al lado de	à côté de	next to
lanchar	Kaffee trinken (nachmittags)	merendar	goûter (l'après-midi)	to have afternoon tea
lanche, o	Kaffe (Nachmittagsmahlzeit)	merienda	goûter	afternoon snack
lanterna, a	Taschenlampe	linterna	lampe de poche	flash-light
lápis, o	Bleistift	lápiz	crayon	pencil
laranja, a	Apfelsine	naranja	orange	orange
laranjada, a	Orangenlimonade	naranjada	orangeade	orange juice
largo	breit	ancho	large	wide
largo, o	Platz	plaza, placeta	place	square, place
lavar	waschen	lavar	laver	to wash
lavar-se	sich waschen	lavarse	se laver	to wash one self
legenda, a	Untertitel	subtítulo	sous-titre	sub-titles
legumes, os	Gemüse	verduras	légumes	vegetables
leite, o	Milch	leche	lait	milk
lembrança, a	Andenken	recuerdo	souvenir	gift, present
lembrar-se (de)	sich erinnern	acordarse de algo	se souvenir de	to remember
ler	lesen	leer	lire	to read
levantar	(Geld)abheben	sacar; cobrar (dinero)	retirer/toucher (argent)	to draw (money)
levantar-se	aufstehen	levantarse	se lever	to get up, rise
levar	mitnehmen, mitbringen	llevar(se) algo	emporter, pendre	to take, carry
leve	leicht (Gewicht)	ligero	léger	light
lhe(s)	ihm, ihr, ihnen, Ihnen	le(s)	lui, leur	to/for him/her/it-them
libra, a	Pfund (engl. Währungseinheit)	libra	livre	pound
lição, a	Lektion	lección	leçon, cours	lesson
licença a	Erlaubnis	permiso	permission	licence,permit,permission
licença, com	mit Erlaubnis	con permiso	excusez-moi, pardon	I'm sorry, excuse me
liga, a	Liga	liga	ligue	league
ligar	ein-, anschalten	encender, enchufar	brancher, allumer	to switch on
ligar para	anrufen	llamar a	téléphoner à	to telephone
limpar	saubermachen	limpiar	nettoyer	to clean
limpinho	ganz sauber	limpio	bien propre	clean
lindo	schön	bonito	joli	beautiful
língua, a	Sprache	lengua	langue	language
linguado, o	Seezung	lenguado	sole	sole (fish)
linguagem, a	Ausdrucksweise	lenguaje	langage	language, speech
Lisboa	Lissabon	Lisboa	Lisbonne	Lisbon
lisboeta	Lissabonner	lisboeta	lisboète	Lisboner
lista, a	Liste	lista	liste	list
livraria, a	Buchhanddlung	librería	librairie	book shop
livre	frei	libre	libre	free
livro, o	Buch	libro	livre	book
lo(s), la(s)	ihn, sie, es, Sie	el, los, la(s)	le; la; les (masc.); les (fém.)	him, her, it, them
local, o	Ort, Stelle	lugar	lieu, lieux	place, site, premises
logo	sofort, nachter	enseguida, pronto	plus tard, tout de suite	later, immediately
loja, a	Geschäft	tienda	magasin	shop
longe	weit	lejos	loin, éloigné	far
longe, ao	von weiten	a lo lejos	au loin	in the distance
louro	blond	rubio	blond	blond
lugar, o	Platz	lugar, sitio	lieu, endroit	place, spot
Macau	Macau	Macao	Macao	Macao
maçã, a	Apfel	manzana	pomme	apple
mãe, a	Mutter	madre	mère	mother
magro	dünn	delgado	maigre, mince	thin
Maio	Mai	mayo	mai	May
maior	grösser	mayor	plus grand, supérieur	bigger
mais	mehr, lieber	más	plus	more
mais ... do que	mais + Adjektif: Komparatif	más ... que	plus ... que	more ... than

Português	Alemão	Espanhol	Francês	Inglês
mal	schlecht, kaum	mal	mal/à peine	badly
mala, a	Tache, Koffer	maleta, bolso	valise, sac à main	bag
mandar	schiken, befehlen	mandar, enviar	envoyer	to send
maneira (como), a	Art und Weise(wie)	manera (como)	manière (comme)	way
manhã, a	Morgen	mañana	matin	morning
manhã, de	morgens	por la mañana	le matin	in the morning
manhãzinha ,(de), a	früh morgens	mañana, por la mañana temprano	le petit matin (tôt le matin)	early morning
manteiga, a	Butter	mantequilla	beurre	butter
mão, a	Hand	mano	main	hand
máquina fotográfica, a	Fotoapparat	máquina de fotos	appareil photo	camera
mar, o	Meer	mar	mer	sea
maravilha, a	Wunder	maravilla	merveille	marvel, wonder
maravilhoso	wunderschön	maravilloso	merveilleux	wonderful
marcar	buchen, reservieren	reservar	réserver	to book, reserve
Março	März	marzo	mars	March
marido, o	der Ehemann	marido	mari	husband
marisco, o	Meeresfrüchte	marisco	fruits de mer	shell-fish
martelo, o	Hammer	martillo	marteau	hammer
mas	aber	pero	mais	but
matar	töten	matar	tuer	to kill
Matemática, a	Mathematik	matemáticas	mathématiques	Mathematics
mau	schlecht (Adj.)	malo	mauvais, méchant	bad
me	mir, mich	me, a mí	me	to/for me
Medicina, a	Medizin	Medicina	Médecine	Medicine
médico, o	Arzt	médico	médecin	doctor
médio	mittlere/r/s	mediano	moyen	medium
meia, a	Socke	calcetín	chaussette	sock
meia-noite, a	Mitternacht	medianoche	minuit	midnight
meio	halb	medio	à moitié	half
meio, o	Mitte; Milieu	medio, mitad	milieu, centre	middle, centre
meio-dia, o	Mittag	doce de la mañana	midi	noon, midday
melhor	besser	mejor	meilleur, mieux	better
melhorar	besser werden	mejorar	améliorer	to improve
menino o	Junge, Kind	niño	petit garçon	boy, lad
menos	weniger	menos	moins	less
menos … do que	weniger als	menos … que	moins … que	less … than
mensagem, a	Botschaft, Nachricht	mensaje	message	message
mensalidade, a	monatliche Gebühr	mensualidad	mensualité	monthly fee
mercearia, a	kleiner Lebensmittelladen	tienda de comestibles	épicerie	grocer's
mergulho, o	Tauchen	chapuzón	plongeon	dip, dive
mês, o	Monat	mes	mois	month
mesa, a	Tisch	mesa	table	table
mesmo	gleich; derselbe	mismo	même	just
mesmo assim	nichtsdestoweniger, trozdem	aun así	malgré tout	even so, nevertheless
metade, a	Hälfte	mitad	moitié	half
metro(m), o	Meter	metro (medida)	mètre	metre
metro quadrado (m²), o	Quadratmeter	metro cuadrado	mètre carré	square metre
metropolitano (Metro), o	U-Bahn	metro	métro	Underground
meu(s), minha(s)	mein(e)	mi(s), mío(s), mía(s)	mon, ma, mes, mien(s), miennes	my, mine
mexer	bewegen	mover	bouger	to move
mil	tausend	mil	mille	thousand
milhão, o	Million	millón	million	million
mim	mir, mich (bei vorgestellter Präposition)	mí	moi	to/for/by me
mineral	Mineral…	mineral	minéral(e)	mineral
minuto, o	Minute	minuto	minute	minute
misto	gemischt	mixto	mixte	mixture, mixed
miúdo, o	kleine Junge	niño	gamin	little
Moçambique	Mosambik	Mozambique	Mozambique	Mozambique
mochila, a	Rucksack	mochila	sac à dos	rucksack
moda, a	Mode	moda	mode	fashion
modelo, o	Modell	modelo	modèle	model
moderno	modern	moderno	moderne	modern
moeda, a	Münze	moneda	pièce de monnaie	coin
molhado	nass	mojado	mouillé	wet
molho, o	Bund	manojo	botte (de cresson)	bunch
momento, o	Moment	momento	moment	moment
montar	aufbauen	montar	monter (une tente)	to pitch a tent
morada, a	Anschrift	dirección	adresse	address
morango, o	Erdbeere	fresa	fraise	strawberry
morar	wohnen	vivir	habiter	to live
moreno	brünett; dunkelhäutig	moreno	brun	brunette, dark skinned
morrer	sterben	morir	mourir	to die

Léxico

Português	Alemão	Espanhol	Francês	Inglês
mostrar	zeigen	enseñar	montrer	to show
mota, a	Motorrad	moto	moto	motor bike
motorista, o	Fahrer	conductor, motorista	chauffeur	driver
mudar-se (para)	umziehen(nach)	trasladarse (a)	déménager	to move
muito(s), muita(s)	viel(e)	muy, mucho(s), mucha(s)	beaucoup de	very, many, much
mulher, a	Frau	mujer	femme, épouse	woman, wife
multibanco, o	Bankautomat	cajero automático	guichet automatique	ATM
museu, o	Museum	museo	musée	museum
música, a	Musik	música	musique	music
nacional	National...	nacional	national (e)	national
nacionalidade, a	Nationalität	nacionalidad	nationalité	nationality
nada	nichts	nada	rien	nothing
nadar	schwimmen	nadar	nager	to swim
não	nein, nicht	no	non, ne … pas	no, not
não só … mas também	nicht nur sondern auch	no sólo … sino también	non seulement … mais aussi	not only … but also
nariz, o	Nase	nariz	nez	nose
nascer	geboren werden	nacer	naître	to be born
Natal, o	Weihnachten	Navidad	Noël	Christmas
necessário	notwendig	necesario	nécessaire	necessary
necessidade, a	Notwendigkeit	necesidad	la nécessité, le besoin	necessity
negócios, os	Geschäfte	negocios	affaires	business
negócios, em negócios de	geschäftlich	de negocios, en negocios	pour affaires	on business
nem	nicht einmal	ni	ni	not even
nenhum(ns), nenhuma(s)	kein(e)	ningún, ningunos (as)	aucun(s) aucune(s)	no, any, none
neto, o	Enkelkind, Enkel	nieto	petit-fils	grandson
neve, a	Schnee	nieve	neige	snow
ninguém	niemand	nadie	personne	nobody, no one
no(s), na(s)	an, auf, in … (+ Artikel)	en el, en los, en la, en las	sur dans, le, les, la	in, on, at (the)
nódoa negra, a	blaue Fleck	morado	bleu	bruise
noite, a	Abend, Nacht	noche	nuit, le soir	night
noite, à	abends	por la noche	le soir	at night, in the evening
noite, da	nachts	de la noche	du soir	by night/nocturnal
nome, o	Name	nombre	nom	name
nono (9º.)	neute(r)	noveno	neuvième	ninth
normalmente	normalerweise	normalmente	normalement	usually
Norte, o	Norden	Norte	Nord	north
nos	uns	nos	nous	to/for us
nós	wir	nosotros(as)	nous	we
nosso(s), nossa(s)	unser(e)	nuestro(s), nuestra(s)	notre, nos, nôtre	our, ours
nota, a	Geldschein	billete	billet de banque	bill (paper money)
notícia, a	Nachricht	noticia	nouvelle	news
noticiário, o	Nachrichten	telediario, noticiario	journal (radio / télé)	broadcast news
Nova Iorque	New York	Nueva York	New York	New York
nove	neun	nueve	neuf	nine
novecentos	neunhundert	novecientos	neuf cents	nine hundred
Novembro	November	noviembre	novembre	November
noventa	neuzig	noventa	quatre-vingt-dix	ninety
novo	neu, jung	nuevo, joven	nouveau, jeune	new, young
número (nº.), o	Nummer	número	numéro	number
numerário, o	Bargeld	en metálico	argent liquide	cash deposit/payment
nunca	nie	nunca	jamais	never
o(s), a(s)	(Art.) der, den, die ; ihn, sie	el, los, la(s)	le, les ; le, les ; la, les ;	the; him/her/it; them
o quê?	was?	¿Qué?	quoi ?	what?
obra, a	Werk	obra	oeuvre	work
obrigado	danke	gracias	merci	thank you
observar	untersuchen	observar	examiner	to examine
óculos, os	Brille	gafas	lunettes	glasses
ocupado	beschäftigt	ocupado	occupé	busy
ocupar	bedecken, ausfüllen	ocupar	occuper	to occupy
oitavo (8º.)	achte(r)	octavo	huitième	eighth
oitenta	achtzig	ochenta	quatre-vingts	eighty
oito	acht	ocho	huit	eight
oitocentos	achthundert	ochocientos	huit cents	eight hundred
Olá!	hallo	¡Hola!	Salut !	hello
olhar	schauen	mirar	regarder	to look
olho, o	Auge	ojo	œil	eye
onde (de onde)	wo; woher	donde, (de dónde)	où (d'où)	where, where from
ontem	gestern	ayer	hier	yesterday
onze	elf	once	onze	eleven
opinião, a	Meinung	opinión	opinion	opinion
oportunidade, a	Gelegenheit	oportunidad, ocasión	occasion	opportunity, chance
óptimo	ausgezeichnet, toll	excelente	excellent	fine, great
ora	«hör mal!	pues, pero	bon!	well!
ordem, a	Befehl	orden	ordre	order
orelha, a	Ohr	oreja	oreille	ear
ortopedista, o	Orthopäde	ortopedista	orthopédiste	orthopedist
ou	oder	o, ó	ou	or

Português	Alemão	Espanhol	Francês	Inglês
Outono, o	Herbst	otoño	automne	autumn
outro(s), outra(s)	andere(r)(s)	otro(s), otra(s)	autre (s)	other(s), another
ouvido, o	Gehör	oído	oreille, ouïe	ear
ouvir	hören	oír	entendre	to hear
Outubro	Oktober	octubre	octobre	October
pacote, o	Packung	paquete	paquet, sachet	packet, parcel
padaria, a	Bäckerei	panadería	boulangerie	baker's
pagar	(be)zahlen	pagar	payer	to pay
página, a	Siete	página	page	page
pai, o	Vater	padre	père	father
país, o	Land	país	pays	country
paisagem, a	Landschaft	paisaje	paysage	scenery
pão, o	Brot	pan	pain	bread
para	nach, für, vor, um zu	para	pour, à	to, for, at
parabéns, os	Glückwünsche	felicidades	bon anniversaire	happy birthday
paragem, a	Haltestelle	parada	arrêt	bus-stop
parecer	scheinen	parecerle a alguien	sembler	to seem
parede, a	Wand	pared	mur	wall
parque, o	Park	parque	parc	park
parque de campismo, o	Campingplatz	camping	camping	camp-site
parte, a	Teil	parte	partie/part	part
parte de, da	von (Hr.)	de parte de	de la part de	from
particularmente	insbesondere(zer)brechen	particularmente	principalement	specially, principally
partir	abfahren	partir, irse	partir, quitter, casser	to leave, go, break
partir de, a	von ... an/ab(zeit)	a partir de	à partir de	as from
Páscoa, a	Ostern	Semana Santa, Pascua	Pâques	Easter
passado	vergangen	pasado	passé	past
passaporte, o	Reisepass	pasaporte	passeport	passport
passar	verbringen, vergehen, ausstellen	pasar	passer	to spend, pass, go through
passear	spazieren	pasear	se promener	to walk
passear, ir	spazierengehen	ir a pasear	aller se promener	to go for a walk/ride
passeio, o	Bürgerteig, Spaziergang	acera, paseo	trottoir, promenade	side-walk, trip
pasta, a	Mappe	carpeta	cartable, dossier	briefcase, school bag
pastel de nata, o	Vanille-Sahne-pastete	pastelito de crema	petit gâteau à la crème	custard cake
pé, o	Fuss	pie	pied	foot
pé, a	zu Fuss	a pie	à pied	on foot
pé de, ao	ganz nah an, bei	cerca de	tout près de	beside
pé (estar), de	auf sein	estar de pie, en pie	debout	standing
pedagógico	pädagogisch	pedagógico	pédagogique	educational
pedir	bitten	pedir	demander	to ask for
pedra, a	Stein	piedra	pierre	stone
peito, o	Brust	pecho	poitrine	chest
peixe, o	Fisch	pescado	poisson	fish
peixeira, a	Fischverkäuferin	pescadera	poissonnière	fish woman
pena, a	Schade	pena	dommage, peine	pity
pensar (em)	denken (an)	pensar (en)	penser (à)	to think about
pequeno	klein	pequeño	petit	small
pequeno-almoço, o	Frühstück	desayuno	petit-déjeuner	breakfast
pêra, a	Birne	pera	poire	pear
perceber	verstehen	entender	comprendre	to understand
perder	verpassen	perder	rater	to miss
perder-se	sich verlaufen	perderse	e perdre	to get lost
perdido	verloren	perdido	perdu	lost
pergunta, a	Frage	pregunta	question	question
perguntar	fragen	preguntar	demander	to ask
perigoso	gefährlich	peligroso	dangereux	dangerous
perna, a	Bein	pierna	jambe	leg
perto (de)	nach; in der Nähe von	cerca (de)	près (de)	near
pesado	schwer (Gewicht)	pesado	lourd	heavy, weighty
pesar	wiegen	pesar	peser	to weight
pescada, a	Schellfisch	merluza	merlan	whiting (fish)
pescoço, o	Hals	cuello	cou	neck
péssimo	schlechteste(n)	pésimo, malísimo	très mauvais	really bad, terrible
pessoa, a	Person	persona	personne	person
piada, a	Witz	broma	blague	joke
pilha, a	Batterie	pila	pile	battery
pintor, o	Maler	pintor	peintre	painter, artist
pior	schlechter	peor	pire	worse, the worst
piscina, a	Schwimmbad	piscina	piscine	swimming-pool
piso, o	Stockwerk	piso, planta	étage	floor, storey
plano, o	Plan	plan	plan	plan
plástico	plastisch	plástico	plastique	plastic
poder	können	poder	pouvoir	to be able, can
podia	können Sie ...	podría	pourriez-vous	could you? would you?
pois	deshalb	entonces	donc	so, therefore
pois não	nicht wahr?	¿no?, ¿verdad que no?	n'est-ce pas?	isn't it?, don't you?...

Léxico

Português	Alemão	Espanhol	Francês	Inglês
polícia, o	Polizist	policía	agent de police	policeman
político, o	Politiker	político	politique	politician
ponte, a	Brücke	puente	pont	bridge
ponto, o	Punkt	punto	point	point
ponto, em	um Punkt ... (Uhr)	en punto	à l'heure pile	punctual, exactly on time
pontual	pünktlich	puntual	ponctuel, exact	punctual
por	für, durch, über, zu	por	par, pour	by, for, through
pôr	setzen, stellen, legen	poner	poser, mettre	to put, put on, lay
porco, o	Schwein	cerdo	porc	pork (food)
porque	weil,denn	porque	parce que	because
porquê	warum?	¿Por qué?	pourquoi	why
porta, a	Tür	puerta	porte	door
portanto	also, folglich	por lo tanto	donc	so, then
Porto, o	Porto	Oporto	Porto (ville)	Oporto
português	portugiesisch, Portugiese	portugués	portugais	Portuguese
possível	möglich	posible	possible	possible
posta, a	Stück (Fisch)	un trozo (pescado)	une tranche (poisson)	piece, slice (fish)
postal, o	Ansichtskarte	postal	carte postale	post-card
pouco(s), pouca(s)	wenig(e)	poco(s), poca(s)	peu de	few, little
povo, o	Volk	pueblo	peuple	people
praça, a	Platz, Markt	plaza, mercado	place, marché	square, market
Praça de Touros, a	Stierkampfarena	plaza de toros	arènes	bull-ring
praia, a	Strande	playa	plage	beach
praticamente	praktisch, fast	prácticamente	pratiquement	almost
praticar	treiben, praktizieren	practicar	pratiquer	to practise
prático	praktisch	práctico	pratique	practical
prazer, o	Vergnügen	placer	plaisir	pleasure
prazo, o	Frist	plazo	terme, délai	deadline
precisar (de)	brauchen, müssen	necesitar	avoir besoin de	to need
preciso, (ser)	nötigsein	ser necesario	falloir	to be necessary
preço, o	Preis	precio	prix	price
prédio, o	Gebäude	edificio	immeuble	building
preencher	ausfüllen	rellenar	remplir (formulaire)	to fill in
preferência, a	Vorliebe	preferencia	préférence	preference
preferência, de	vorzugsweise	preferentemente	de préférence	preferably
preferido	Lieblings...	preferido	préféré	favourite
preferir	vorziehen	preferir	préférer	to prefer
preferível	besser	preferible	préférable	preferable
prenda, a	Geschenk	regalo	cadeau	gift, present
preparar	vorbereiten	preparar	préparer	to prepare
presente, o	Geschenk	regalo	cadeau	gift, present
preso	fest	cogido	attaché	fixed
pretender	beabsichtigen	pretender	avoir l'intention de	to intend, wish, want
preto	schwarz	negro	noir	black
previsto	vorgesehen	previsto	prévu	foreseen
Primavera, a	Frühling	primavera	printemps	Spring
primeiro (1º.)	(erste(r)), zuerst	primero	premier	first
primo, o	Cousin, Vetter	primo	cousin	cousin
principal	Haupt..	principal	principal	principal, main
principalmente	hauptsächlich	principalmente	principalement	principally, mainly
problema, o	Problem	problema	problème	problem
processo, o	Prozess, Akte	proceso	dossier	file
professor, o	Leher	profesor	professeur	teacher
profissão, a	Beruf	profesión	profession	profession
programa, o	Programm	programa	programme	programme
programador, o	Programmierer	programador	programmateur	programmer
prolongado	verlängert	prolongado	prolongé	extended
pronto (pronto!)	fertig, (fretig!)	listo, (¡ya está!)	prêt,(voilà !)	ready, right
próprio, o	selbst	mismo	lui-même	speaking (phone talk)
prova, a	Anprobe	prueba	essayage	clothes-fitting
provadores, os	Anproberaum	probador	cabine d'essayage	fitting room
provar	probieren, schmeken	probar	goûter	to taste
próximo	nächste(r)	próximo	prochain	next
psicólogo, o	Psychologe	psicólogo	psychologue	psychologist
público, o	Publikum	público	public	public, audience
pulseira, a	Armband	pulsera	bracelet	bracelet
puré, o	Püree	puré	purée	puree, mashed
puxar	ziehen	tirar	tirer	to pull
quadrado, o	Quadrat	cuadrado	carré	square
quadrados, aos	kariet	a cuadros	à carreaux	checked
quadro, o	Tafel	pizarra, cuadro	tableau	blackboard, painting,
qual, quais	welche(r)(s)	¿cuál?, ¿cuáles?	quel(le)(s)	which
quando	wann, wenn, als	cuando	quand	when
quantia, a	Betrag	cantidad	montant	amount
quanto(s)	wieviel, wie viele	¿cuánto(s)?	combien	how much, how many
quarenta	vierzig	cuarenta	quarante	forty
quarta-feira	Mittwoch	miércoles	mercredi	Wednesday

Português	Alemão	Espanhol	Francês	Inglês
quarto, o	Zimmer	habitación	chambre, pièce	bed-room, room
quarto (4º.)	vierte(r)	cuarto	quatrième	fourth
quarto de hora, o	Viertelstunde	cuarto de hora	quart d'heure	quarter (hour)
quase	fast	casi	presque	almost
quatro	vier	cuatro	quatre	four
quatrocentos	vierhundert	cuatrocientos	quatre cents	four hundred
que (de que; o que)	was; (Relativpron.: der, die, das; dass)	que (de que, lo que)	que, qui; (dont; ce que)	that, which; what
Que tal?	Wie hat es geklappt?	¿Qué tal?	qu'en pensez-vous?	How about it?
queijadinha, a	kleiner Käsekuchen	pastelito de queso (dulce)	petite tarte au fromage blanc	small cheese-cake
queijo, o	Käse	queso	fromage	cheese
queimado	braun gebrannt	moreno	bronzé	sun-tan
queixo, o	Kinn	barbilla	menton	chin
quem (a quem; de quem)	wer,(wen; wem; wessen)	quièn (a quièn; de quièn)	qui; à qui; de qui	who, whom; to/for whom; whose
quente	heiss	caliente, cálido	chaud	hot
queque, o	kleiner Sandkuchen	magdalena	petit cake	small butter cake
quer … quer	sowohl … als auch	bien … bien	soit … soit	either … or
querer	wollen	querer	vouloir	to whish, want
queria	möchte (ich, er, sie, Sie)	quería	je voudrais	would like
querido	liebe(r)	querido, estimado	cher	dear
quilo(grama) Kg, o	Kilogramm	kilo(gramo) Kg.	kilogramme	kilogram
quinhentos	fünfhundert	quinientos	cinq cents	five hundred
quinta-feira	Donnerstag	jueves	jeudi	Thursday
quinto (5º.)	fünfte(r)	quinto	cinquième	fifth
quinze	fünfzehn	quince	quinze	fifteen
ramo, o	Strauss	ramo	bouquet	bunch (flowers)
rapariga, a	Mädchen	chica	fille	girl
rapaz, o	Junge	chico	garçon	boy
raqueta, a	Schläger	raqueta	raquette	racket
raramente	selten	raramente	rarement	rarely
razão, a	Grund, Vernunft;	razón	raison	reason
razão, ter	Recht haben	tener la razón	avoir raison	to be right
realmente	wirklich	realmente	franchement	frankly
recado, o	Nachricht	recado	message	message
receber	bekommen	recibir	recevoir	to receive
recepcionista, o	Empfangschef	recepcionista	réceptionniste	receptionist
recordar	(sich) erinnern	recordar, acordarse	se rappeler	to remember
refeição, a	Mahlzeit	comida	repas	meal
refresco, o	Erfrischungsgetränk	refresco	rafraîchissement	cold drink
região, a	Gegend, Gebiet	región	région	region
regressar	zurückkehren	regresar	retourner, revenir	to return, come back
regresso, o	Rückkehr	regreso	retour	return
régua, a	Lineal	regla	règle	ruler
relatório, o	Bericht	informe	rapport	report
relva, a	Rasen	césped	gazon	grass
representação, a	Aufführung	representación	représentation	show, performance
representar	aufführen, darstellen	representar	représenter	to perform, act, represent
requisitar	anforden, bestellen	solicitar	solliciter	to make a requisition for
reserva, a	Reservierung	reserva	réservation	reservation, booking
resolver	lösen	resolver	résoudre, décider	to decide, work out
responder	antworten	responder, contestar	répondre	to answer
restaurante, o	Restaurant	restaurante	restaurant	restaurant
resto, o	Res	resto	reste	rest
retribuir	erwidern, vergüten	devolver	rendre	to return
reunião, a	Bespreschung	reunión	réunion	meeting
reunir	zusammenbringen	reunir	réunir	to bring together, assemble
reunir-se	sich versammeln	reunirse	se réunir	to get together
rever	wiedersehen	volver a ver	revoir	to see again
revista, a	Zeitschrift	revista	revue	magazine
rigoroso	hart, streng	riguroso	rigoureux	rigorous
rio, o	Fluss	río	rivière, fleuve	river
rir-se	lachen	reírse	rire	to laugh
risca, a	Streifen	raya	rayure	line, stripe
riscas, às	gestreift	a rayas	à rayures	stripped
rissol, o	gefüllte Teigtasche	empanadilla	croquette frite	rissole
ritmo, o	Rhythmus	ritmo	rythme	rhythm, passe of life
rocha, a	Felsen	roca	rocher	rock
rodeado (por)	umgeben von	rodeado (por/de)	entouré de	surrounded by
romance, o	Roman	novela	roman	novel
roupa, a	Kleidung	ropa	vêtements	clothes
rua, a	Strasse (Stadf)	calle	rue	street, road
Rússia, a	Rubland	Rusia	Russie	Russia
russo	russisch, Russe	ruso	russe	Russian
sábado, o	Samstag	sábado	samedi	Saturday
saber	wissen, können	saber	savoir	to know

Léxico

Português	Alemão	Espanhol	Francês	Inglês
saco, o	Tüte	bolsa	sac	bag, sack
saco-cama, o	Schlafsack	saco de dormir	sac de couchage	sleeping-bag
saia, a	Rock	falda	jupe	skirt
saída, a	Ausgang	salida	sortie	exit
sair	weg-, ausgehen	salir	sortir	to go out
sala, a	Zimmer, Raum	salón, sala	salle	room
sala de aula, a	Klassenraum	aula, sala de clase	salle de classe	class-room
sala de estar, a	Wohnzimmer	salón	salon	living-room
sala de embarque, a	Wartehalle	sala de embarque	salle d'embarquement	departure lounge
salada, a	Salat	ensalada	salade	salad
saldo, o	Kontostand	saldo	solde	bank balance
sandes, a	Sandwich	bocadillo	sandwich	sandwich
sangue, o	Blut	sangre	sang	blood
sapato, o	Schuh	zapato	chaussure	shoe
sátira, a	Satire	sátira	satire	satire
saudades, as	Sehnsucht	echar de menos, morriña	mal du pays, nostalgie	homesickness
se	sich; wenn, ob	se, si	se (pronom), si	reflexive pronoun;if;
secretária, a	Sekretärin, Schreibtisch	secretaria, escritorio	secrétaire; bureau	secretary; desk
século, o	Jahrhundert	siglo	siècle	century
sede, a	Durst	sed	soif	thirst
seguida, em	danach, darauf	enseguida	ensuite	next, afterwards
seguinte	folgede(r)	siguiente	suivant(e)	next, following
seguir	folgen	seguir	suivre	to follow
segunda-feira, a	Montag	lunes	lundi	Monday
segundo (2º.)	zweite(r)	segundo	second, deuxième	second
seis	sechs	seis	six	six
seiscentos	sechshundert	seiscientos	six cents	six hundred
selo, o	Briefmarke	sello	timbre	stamp
sem	ohne	sin	sans	without
semana, a	Woche	semana	semaine	week
semanário, o	Wochenzeitschrift	semanario	hebdomadaire	weekly periodical
sempre	immer	siempre	toujours	always
sempre que	immer wenn	siempre que	à chaque fois que	whenever
Senhor (Sr.), o	Herr, Sie (Anrede)	señor (Sr.)	Monsieur(M.)	you, mister (Mr.)
Senhora (Sra.)	Frau, Sie, Dame	señora (Sra.)	Madame(Mme)	you, madam, (Mrs.)
sentado (estar)	sitzen	(estar) sentado	assis (être)	sitting
sentar-se	sich setzen	sentarse	s'asseoir	to sit down
sentir-se	sich fühlen	sentirse	se sentir	to feel
ser	sein	ser	être	to be
ser de	gehören	ser de	être de	to be from
ser em	sein in	ser en, estar en	être à	to be in
sério, a	ernsthaft; im Ernst	en serio	sérieusement	really, seriously
serra, a	Gebirge	sierra	montagnes	ridge of mountains
serviço, o	Dienst(stelle)	servicio	service	service
servir-se de	sich bedienen (von)	valerse de	se servir de	to help yourself
sessenta	sechzig	sesenta	soixante	sixty
sete	sieben	siete	sept	seven
Setembro	September	septiembre	septembre	September
setenta	siebzig	setenta	soixante-dix	seventy
sétimo (7º.)	siebte(r)	séptimo	septième	seventh
seu(s), sua(s)	sein(e), ihr(e), Ihr(e)	su(s), suyo(s), suya(s)	son, sa, ses, leurs(s); vos, votre (sing.) / sien(s), sienne(s), vôtre(s)	your (2nd person)
sexta-feira, a	der Freitag	viernes	vendredi	Friday
sexto (6º.)	sechste(r)	sexto	sixième	sixth
si	sich, Sie, Ihnen(bei vorgest. Präposition)	sí, para usted	vous (sing.)	to/for/by/at you (sing.)
sim	ja	sí	oui, si (affirmatif)	yes
símbolo, o	Symbol	símbolo	symbole	symbol
simpático	sympathisch, nett	simpático	sympathique	nice, kind, friendly
simples	einfach	sencillo	simple(s)	simple, plain
sítio, o	Ort	sitio, lugar	lieu, endroit	place
situação, a	Situation	situación	situation	situation
só	nur	solo (a), solamente	seul(e), seulement	only
sobre	über	sobre, acerca de	sur, à propos de	about
social	sozial	social	social(e)	social
sociedade, a	Gesellschaft	sociedad	société	society
sol, o	Sonne	sol	soleil	sun
sombra, a	Schatten	sombra	ombre	shade
sono, o	Schlaf	sueño	sommeil	sleep
sozinho	allein	solo	tout seul	alone
suave	mild	suave	doux	mild
subir	steigen, hinaufgehen	subir	monter	to go up
Suécia, a	Schweden	Suecia	Suède	Sweden
sueco	schwedisch, Schwede	sueco	suédois	Swedish
sujo	dreckig	sucio	sale	dirty
sumo, o	Saft	zumo	jus	juice

Léxico

Português	Alemão	Espanhol	Francês	Inglês
supermercado, o	Supermarkt	supermercado	supermarché	supermarket
Tailândia, a	Thailand	Tailandia	Thaïlande	Thailand
talão, o	Kassenzettel	recibo, tique	talon, reçu	bill, check
talho, o	Fleischerei	carnicería	boucherie	butcher's
tamanho, o	Grösse	tamaño	taille	size
também	auch	también	aussi	also, too
tanto(s), tanta(s)	so sehr, so viele	tanto(s), tanta(s)	beaucoup de	so much, many, more
tão	so + Adj., so sehr	tan	tellement, si	so, as
tão … como	so + Adj. … wie	tan… como	aussi … que	as … as
tarde	spät	tarde	tard	late
tarde, a	Nachmittag(s), Abend(s)	tarde	après-midi	afternoon
tardinha, a	spät Nachmittag	tarde	fin d'après-midi	late afternoon
tardinha, à	am spät Nachmittag	por la tarde	en fin d'après-midi	in the afternoon
táxi, o	Taxi	taxi	taxi	taxi
te	dir, dich	te, a ti	te	for/to you (sing.)
teatro, o	Theater	teatro	théâtre	theatre
telefonar (a) (para)	anrufen	telefonear a, llamar a	téléphoner (à); appeler	to telephone, call (people)
telefone, o	Telefon	teléfono	téléphone	telephone
telemóvel, o	Handy	móvil	téléphone portable	mobile phone
televisão, a	Fernsehen	televisión	télévision	television
temperatura, a	Temperatur	temperatura	température	temperature
tempo, o	Wetter, Zeit	tiempo	temps	time; weather
tencionar	beabsichtigen	tener la intención de	avoir l'intention de	to intend, plan
tenda, a	Zelt	tienda de campaña	tente	tent
ténis, o	Tennis	tenis	tennis	tennis
ténis, os	Turnschuhe	zapatillas de deporte	chaussures de tennis	tennis shoes
tenro	zart	tierno	tendre	tender
tentar	versuchen	intentar	essayer	to try
ter	haben	tener	avoir	to have
ter de	müssen	tener que	devoir	to have to
terça-feira, a	Dienstag	martes	mardi	Tuesday
terceiro (3º.)	dritte(r)	tercero	troisième	third
testa, a	Stirn	frente	front	forehead
teste, o	Test	examen, prueba	test, examen	test
teu(s), tua(s)	dein(e)	tu(s), tuyo(s), tuya(s)	ton, ta, tes / tien(s), tienne(s)	your, yours
texto, o	Text	texto	texte	text
ti	dir, dich, (bei vorgesteller Präposition)	ti	toi	to/for/by/at you
tio, o	Onkel	tío	oncle	uncle
tipo, o	Typ, Art	tipo	type	type, kind
tirar	herausnehmen	sacar	enlever	to take off
toalha, a	Handtuch	toalla	serviette	towel
todo(s), toda(s)	ganz, alle	todo(s), toda(s)	tout, tous, toute(s)	all
tom, o	Farbton	tono	ton	shade, colour, tone
tomar	nehmen	tomar	prendre	to take, have (meals),
tomate, o	Tomate	tomate	tomate	tomato
torrada, a	Toast mit Butter	tostada	tartine grillé	toast
total, o	Summe	total	total	total
trabalhar	arbeiten	trabajar	travailler	to work
trabalho, o	Arbeit	trabajo	travail	work
tradutor, o	Übersetzer	traductor	traducteur	translator
transeunte, o	Passant	transeúnte	passant	passer-by
trânsito, o	Straßenverkehr	tráfico	trafic	traffic
transporte, o	Transport	transporte	transport	transport
tratar (de)	sich kümmern um	tratar de, ocuparse de	s'occuper (de)	to deal with, take care
trazer	(her)bringen, mitbringen	traer	apporter, amener	to bring
treino, o	Training	entrenamiento	entraînement	train
três	drei	tres	trois	three
treze	dreizehn	trece	treize	thirteen
trezentos	dreihundert	trescientos	trois cents	three hundred
tribunal, o	Gericht	tribunal	tribunal	court
trinta	dreissig	treinta	trente	thirty
triste	traurig	triste	triste	sad
trocar	wechseln	cambiar	changer	to exchange (banking)
troco, o	Wechselgeld	cambio, vuelta	monnaie, appoint	change
tu	du	tú	tu	you
tudo	alles	todo	tout	everything, all
turma, a	Klasse	clase, grupo	classe	class
ucraniano, o	der Ukrainer	ucraniano	ukrainien	Ukrainian
último	letzte(r)	último	dernier	last
último, por	zuletzt	por último	pour finir	finally
um, uma	ein, eine	un, una	un; une	one
Universidade, a	Universität	Universidad	université	University
uns	einige	unos, algunos	quelques	some
útil	nützlich	útil	utile	useful
utilizar	gebrauchen, nutzen	utilizar	utiliser	to use
uva, a	Wientraube	uva	raisin	grape

Léxico

Português	Alemão	Espanhol	Francês	Inglês
vale, o	Postanweisung	vale	un mandat	postal order
valer	wert sein	valer	valoir	to be worth
valores, os	Schecks und Postanweisungen	valores	valeurs, dépôts bancaires	money deposits
variado	verschieden (artg)	variado	varié	varied
vários	verschedene	varios	plusieurs	several
velho	alt	mayor, viejo	vieux, usagé	old
vendedor, o	Verkäufer	vendedor, dependiente	vendeur	salesman
vento, o	Wind	viento	vent	wind
ver	sehen	ver	voir	to see
Verão, o	Sommer	verano	été	Summer
verdade, a	Wahrheit	verdad	vérité	truth
verde	grün	verde	vert(e)	green
verificar	überprüfen, feststellen	verificar, confirmar	vérifier, confirmer	to check
vermelho	rot	rojo	rouge	red
vestido	gekleidet	vestido	habillé	dressed
vestido, o	Kleid	vestido	robe	dress
vestir	anziehen	vestir, ponerse algo	mettre	to put on, wear
vestir-se	sich anziehen	vestirse	s'habiller	to get dressed
vez, a	Mal	vez	fois, tour	turn
vezes, às	manchmal	a veces	parfois	sometimes
viajar	reisen	viajar	voyager	to travel
viagem, a	Reise	viaje	voyage	journey, trip
vida, a	Leben	vida	vie	life
vidro, o	Glas,-Scheibe	cristal	vitre	glass
vigésimo (20º.)	zwanzigste(r)	vigésimo	vingtième	twentieth
vila, a	Kleinstadt	pueblo	petite ville	village, town
vinho, o	Wein	vino	vin	wine
vinte	zwanzig	veinte	vingt	twenty
vir	kommen	venir	venir	to come
virar	abbiegen, sich wenden	girar	tourner	to turn
visita, a	Besuch, Besichtigung	visita	visite	visit
visitar	besuchene	visitar	visiter, rendre visite	to visit
vitela, a	Kalbfleische	ternera	veau	veal (meat)
viver	leben	vivir	vivre	to live
você	Sie, Ihr	usted	vous (sing.)	you
volta, dar uma	kurze Ausflug	dar una vuelta	tour (faire un)	to go for a walk
volta de, por	gegen (Zeit,Menge)	hacia las…, sobre las…	vers	around
voltar	zurückkommen	volver	revenir, retourner	to return, come back
vontade, a	Wille, Wunsch, Lust	ganas	envie	will, wish, desire
voo, o	Flug	vuelo	vol	flight
vos	euch, Ihren	vosotros(as)	vous	to/for you
vosso(s), vossa(s)	euer, eure, Ihr(e)	vuestro(s), vuestra(s)	votre, le (la) vôtre	your, yours (plural)
zás!	klatsch!	¡Zas!	vôtrepatatras !!	bang! crash!
zona, a	die Gegend, Zone	zona	zone	area, place

CD Áudio 1 (Tempo: 1:20h)

Unidade 1
Faixa 1 – DIÁLOGO
Faixa 2 – Oralidade 1
Faixa 3 – Oralidade 2
Faixa 4 – Oralidade 3
Faixa 5 – Oralidade 4
Faixa 6 – Oralidade 5
Faixa 7 – Oralidade 6
Faixa 8 – Oralidade 7
Faixa 9 – Texto

Unidade 2
Faixa 10 – DIÁLOGO
Faixa 11 – Oralidade 1
Faixa 12 – Oralidade 2
Faixa 13 – Oralidade 3
Faixa 14 – Oralidade 4
Faixa 15 – Oralidade 5
Faixa 16 – Oralidade 6
Faixa 17 – Texto

Unidade 3
Faixa 18 – DIÁLOGO
Faixa 19 – Oralidade 1
Faixa 20 – Oralidade 2
Faixa 21 – Oralidade 3
Faixa 22 – Oralidade 4
Faixa 23 – Oralidade 5
Faixa 24 – Oralidade 6
Faixa 25 – Oralidade 7
Faixa 26 – Oralidade 8
Faixa 27 – Oralidade 9
Faixa 28 – Texto

Unidade 4
Faixa 29 – DIÁLOGO
Faixa 30 – Oralidade 1
Faixa 31 – Oralidade 2
Faixa 32 – Oralidade 3
Faixa 33 – Oralidade 4
Faixa 34 – Oralidade 5
Faixa 35 – Oralidade 6
Faixa 36 – Texto

Unidade 5
Faixa 37 – DIÁLOGO
Faixa 38 – Oralidade 1
Faixa 39 – Oralidade 2
Faixa 40 – Oralidade 3
Faixa 41 – Oralidade 4
Faixa 42 – Oralidade 5
Faixa 43 – Oralidade 6
Faixa 44 – Texto

Unidade 6
Faixa 45 – DIÁLOGO
Faixa 46 – Oralidade 1
Faixa 47 – Oralidade 2
Faixa 48 – Oralidade 3
Faixa 49 – Oralidade 4
Faixa 50 – Oralidade 5
Faixa 51 – Oralidade 6
Faixa 52 – Texto

Unidade 7
Faixa 53 – DIÁLOGO
Faixa 54 – Oralidade 1
Faixa 55 – Oralidade 2
Faixa 56 – Oralidade 3
Faixa 57 – Oralidade 4
Faixa 58 – Oralidade 5
Faixa 59 – Oralidade 6
Faixa 60 – Oralidade 7
Faixa 61 – Texto

Unidade 8
Faixa 62 – DIÁLOGO
Faixa 63 – Oralidade 1
Faixa 64 – Oralidade 2
Faixa 65 – Oralidade 3
Faixa 66 – Oralidade 4
Faixa 67 – Oralidade 5
Faixa 68 – Oralidade 6
Faixa 69 – Oralidade 7
Faixa 70 – Oralidade 8
Faixa 71 – Oralidade 9
Faixa 72 – Oralidade 10
Faixa 73 – Texto

Unidade 9
Faixa 74 – DIÁLOGO
Faixa 75 – Oralidade 1
Faixa 76 – Oralidade 2
Faixa 77 – Oralidade 3
Faixa 78 – Oralidade 4
Faixa 79 – Oralidade 5
Faixa 80 – Oralidade 6
Faixa 81 – Oralidade 7
Faixa 82 – Oralidade 8
Faixa 83 – Texto

Unidade 10
Faixa 84 – DIÁLOGO
Faixa 85 – Oralidade 1
Faixa 86 – Oralidade 2
Faixa 87 – Oralidade 3
Faixa 88 – Oralidade 4
Faixa 89 – Oralidade 5
Faixa 90 – Oralidade 6
Faixa 91 – Oralidade 7
Faixa 92 – Oralidade 8
Faixa 93 – Texto

Português	Alemão	Espanhol	Francês	Inglês
supermercado, o	Supermarkt	supermercado	supermarché	supermarket
Tailândia, a	Thailand	Tailandia	Thaïlande	Thailand
talão, o	Kassenzettel	recibo, tique	talon, reçu	bill, check
talho, o	Fleischerei	carnicería	boucherie	butcher's
tamanho, o	Grösse	tamaño	taille	size
também	auch	también	aussi	also, too
tanto(s), tanta(s)	so sehr, so viele	tanto(s), tanta(s)	beaucoup de	so much, many, more
tão	so + Adj., so sehr	tan	tellement, si	so, as
tão … como	so + Adj. ... wie	tan… como	aussi … que	as … as
tarde	spät	tarde	tard	late
tarde, a	Nachmittag(s), Abend(s)	tarde	après-midi	afternoon
tardinha, a	spät Nachmittag	tarde	fin d'après-midi	late afternoon
tardinha, à	am spät Nachmittag	por la tarde	en fin d'après-midi	in the afternoon
táxi, o	Taxi	taxi	taxi	taxi
te	dir, dich	te, a ti	te	for/to you (sing.)
teatro, o	Theater	teatro	théâtre	theatre
telefonar (a) (para)	anrufen	telefonear a, llamar a	téléphoner (à); appeler	to telephone, call (people)
telefone, o	Telefon	teléfono	téléphone	telephone
telemóvel, o	Handy	móvil	téléphone portable	mobile phone
televisão, a	Fernsehen	televisión	télévision	television
temperatura, a	Temperatur	temperatura	température	temperature
tempo, o	Wetter, Zeit	tiempo	temps	time; weather
tencionar	beabsichtigen	tener la intención de	avoir l'intention de	to intend, plan
tenda, a	Zelt	tienda de campaña	tente	tent
ténis, o	Tennis	tenis	tennis	tennis
ténis, os	Turnschuhe	zapatillas de deporte	chaussures de tennis	tennis shoes
tenro	zart	tierno	tendre	tender
tentar	versuchen	intentar	essayer	to try
ter	haben	tener	avoir	to have
ter de	müssen	tener que	devoir	to have to
terça-feira, a	Dienstag	martes	mardi	Tuesday
terceiro (3º.)	dritte(r)	tercero	troisième	third
testa, a	Stirn	frente	front	forehead
teste, o	Test	examen, prueba	test, examen	test
teu(s), tua(s)	dein(e)	tu(s), tuyo(s), tuya(s)	ton, ta, tes / tien(s), tienne(s)	your, yours
texto, o	Text	texto	texte	text
ti	dir, dich, (bei vorgesteller Präposition)	ti	toi	to/for/by/at you
tio, o	Onkel	tío	oncle	uncle
tipo, o	Typ, Art	tipo	type	type, kind
tirar	herausnehmen	sacar	enlever	to take off
toalha, a	Handtuch	toalla	serviette	towel
todo(s), toda(s)	ganz, alle	todo(s), toda(s)	tout, tous, toute(s)	all
tom, o	Farbton	tono	ton	shade, colour, tone
tomar	nehmen	tomar	prendre	to take, have (meals),
tomate, o	Tomate	tomate	tomate	tomato
torrada, a	Toast mit Butter	tostada	tartine grillé	toast
total, o	Summe	total	total	total
trabalhar	arbeiten	trabajar	travailler	to work
trabalho, o	Arbeit	trabajo	travail	work
tradutor, o	Übersetzer	traductor	traducteur	translator
transeunte, o	Passant	transeúnte	passant	passer-by
trânsito, o	Straßenverkehr	tráfico	trafic	traffic
transporte, o	Transport	transporte	transport	transport
tratar (de)	sich kümmern um	tratar de, ocuparse de	s'occuper (de)	to deal with, take care
trazer	(her)bringen, mitbringen	traer	apporter, amener	to bring
treino, o	Training	entrenamiento	entraînement	train
três	drei	tres	trois	three
treze	dreizehn	trece	treize	thirteen
trezentos	dreihundert	trescientos	trois cents	three hundred
tribunal, o	Gericht	tribunal	tribunal	court
trinta	dreissig	treinta	trente	thirty
triste	traurig	triste	triste	sad
trocar	wechseln	cambiar	changer	to exchange (banking)
troco, o	Wechselgeld	cambio, vuelta	monnaie, appoint	change
tu	du	tú	tu	you
tudo	alles	todo	tout	everything, all
turma, a	Klasse	clase, grupo	classe	class
ucraniano, o	der Ukrainer	ucraniano	ukrainien	Ukrainian
último	letzte(r)	último	dernier	last
último, por	zuletzt	por último	pour finir	finally
um, uma	ein, eine	un, una	un; une	one
Universidade, a	Universität	Universidad	université	University
uns	einige	unos, algunos	quelques	some
útil	nützlich	útil	utile	useful
utilizar	gebrauchen, nutzen	utilizar	utiliser	to use
uva, a	Wientraube	uva	raisin	grape

Léxico

Português	Alemão	Espanhol	Francês	Inglês
vale, o	Postanweisung	vale	un mandat	postal order
valer	wert sein	valer	valoir	to be worth
valores, os	Schecks und Postanweisungen	valores	valeurs, dépôts bancaires	money deposits
variado	verschieden (artg)	variado	varié	varied
vários	verschedene	varios	plusieurs	several
velho	alt	mayor, viejo	vieux, usagé	old
vendedor, o	Verkäufer	vendedor, dependiente	vendeur	salesman
vento, o	Wind	viento	vent	wind
ver	sehen	ver	voir	to see
Verão, o	Sommer	verano	été	Summer
verdade, a	Wahrheit	verdad	vérité	truth
verde	grün	verde	vert(e)	green
verificar	überprüfen, feststellen	verificar, confirmar	vérifier, confirmer	to check
vermelho	rot	rojo	rouge	red
vestido	gekleidet	vestido	habillé	dressed
vestido, o	Kleid	vestido	robe	dress
vestir	anziehen	vestir, ponerse algo	mettre	to put on, wear
vestir-se	sich anziehen	vestirse	s'habiller	to get dressed
vez, a	Mal	vez	fois, tour	turn
vezes, às	manchmal	a veces	parfois	sometimes
viajar	reisen	viajar	voyager	to travel
viagem, a	Reise	viaje	voyage	journey, trip
vida, a	Leben	vida	vie	life
vidro, o	Glas,-Scheibe	cristal	vitre	glass
vigésimo (20º.)	zwanzigste(r)	vigésimo	vingtième	twentieth
vila, a	Kleinstadt	pueblo	petite ville	village, town
vinho, o	Wein	vino	vin	wine
vinte	zwanzig	veinte	vingt	twenty
vir	kommen	venir	venir	to come
virar	abbiegen, sich wenden	girar	tourner	to turn
visita, a	Besuch, Besichtigung	visita	visite	visit
visitar	besuchene	visitar	visiter, rendre visite	to visit
vitela, a	Kalbfleische	ternera	veau	veal (meat)
viver	leben	vivir	vivre	to live
você	Sie, Ihr	usted	vous (sing.)	you
volta, dar uma	kurze Ausflug	dar una vuelta	tour (faire un)	to go for a walk
volta de, por	gegen (Zeit,Menge)	hacia las…, sobre las…	vers	around
voltar	zurückkommen	volver	revenir, retourner	to return, come back
vontade, a	Wille, Wunsch, Lust	ganas	envie	will, wish, desire
voo, o	Flug	vuelo	vol	flight
vos	euch, Ihren	vosotros(as)	vous	to/for you
vosso(s), vossa(s)	euer, eure, Ihr(e)	vuestro(s), vuestra(s)	votre, le (la) vôtre	your, yours (plural)
zás!	klatsch!	¡Zas!	vôtrepatatras !!	bang! crash!
zona, a	die Gegend, Zone	zona	zone	area, place

CD Áudio 2 (Tempo: 1:10h)

Unidade 11
Faixa 94 – DIÁLOGO
Faixa 95 – Oralidade 1
Faixa 96 – Oralidade 2
Faixa 97 – Oralidade 3
Faixa 98 – Oralidade 4
Faixa 99 – Oralidade 5
Faixa 100 – Oralidade 6
Faixa 101 – Oralidade 7
Faixa 102 – Oralidade 8
Faixa 103 – Oralidade 9
Faixa 104 – Oralidade 10
Faixa 105 – Oralidade 11
Faixa 106 – Oralidade 12
Faixa 107 – Texto

Unidade 12
Faixa 108 – DIÁLOGO
Faixa 109 – Oralidade 1
Faixa 110 – Oralidade 2
Faixa 111 – Oralidade 3
Faixa 112 – Oralidade 4
Faixa 113 – Oralidade 5
Faixa 114 – Texto

Unidade 13
Faixa 115 – DIÁLOGO
Faixa 116 – Oralidade 1
Faixa 117 – Oralidade 2
Faixa 118 – Oralidade 3
Faixa 119 – Oralidade 4
Faixa 120 – Oralidade 5
Faixa 121 – Oralidade 6
Faixa 122 – Oralidade 7
Faixa 123 – Oralidade 8
Faixa 124 – Oralidade 9
Faixa 125 – Oralidade 10
Faixa 126 – Oralidade 11
Faixa 127 – Texto

Unidade 14
Faixa 128 – DIÁLOGO
Faixa 129 – Oralidade 1
Faixa 130 – Oralidade 2
Faixa 131 – Oralidade 3
Faixa 132 – Oralidade 4
Faixa 133 – Oralidade 5
Faixa 134 – Oralidade 6
Faixa 135 – Oralidade 7
Faixa 136 – Texto

Unidade 15
Faixa 137 – DIÁLOGO
Faixa 138 – Oralidade 1
Faixa 139 – Oralidade 2

Faixa 140 – Oralidade 3
Faixa 141 – Oralidade 4
Faixa 142 – Oralidade 5
Faixa 143 – Oralidade 6
Faixa 144 – Oralidade 7
Faixa 145 – Texto

Unidade 16
Faixa 146 – DIÁLOGO
Faixa 147 – Oralidade 1
Faixa 148 – Oralidade 2
Faixa 149 – Oralidade 3
Faixa 150 – Oralidade 4
Faixa 151 – Oralidade 5
Faixa 152 – Oralidade 6
Faixa 153 – Oralidade 7
Faixa 154 – Oralidade 8
Faixa 155 – Texto

Unidade 17
Faixa 156 – DIÁLOGO
Faixa 157 – Oralidade 1
Faixa 158 – Oralidade 2
Faixa 159 – Oralidade 3
Faixa 160 – Oralidade 4
Faixa 161 – Oralidade 5
Faixa 162 – Texto

Unidade 18
Faixa 163 – DIÁLOGO
Faixa 164 – Oralidade 1
Faixa 165 – Oralidade 2
Faixa 166 – Oralidade 3
Faixa 167 – Oralidade 4
Faixa 168 – Oralidade 5
Faixa 169 – Texto

Unidade 19
Faixa 170 – DIÁLOGO
Faixa 171 – Oralidade 1
Faixa 172 – Oralidade 2
Faixa 173 – Oralidade 3
Faixa 174 – Oralidade 4
Faixa 175 – Oralidade 5
Faixa 176 – Oralidade 6
Faixa 177 – Texto

Unidade 20
Faixa 178 – DIÁLOGO
Faixa 179 – Oralidade 1
Faixa 180 – Oralidade 2
Faixa 181 – Oralidade 3
Faixa 182 – Oralidade 4
Faixa 183 – Oralidade 5
Faixa 184 – Oralidade 6
Faixa 185 - Texto

Tempo total: 2:30h

Página 10: © gajatz - Fotolia.com
Página 35: © nicolasjoseschirado - Fotolia.com; © Varina Patel - Fotolia.com; © Andrejs Pidjass - Fotolia.com
Página 42: © Leonid Nyshko - Fotolia.com
Página 49: © Galina Barskaya - Fotolia.com; © kristian sekulic - Fotolia.com; © Monkey Business - Fotolia.com; © Monika
      Adamczyk - Fotolia.com; © torben - Fotolia.com
Página 50: © António Duarte - Fotolia.com
Página 58: © Kheng Guan Toh - Fotolia.com
Página 61: © iand - Fotolia.com; © Arturo Limón - Fotolia.com; © Leonid Nyshko - Fotolia.com; © max blain - Fotolia.
      com; © Alx - Fotolia.com; © Rob Pitman - Fotolia.com; © robert lerich - Fotolia.com
Página 64: © Gina Smith - Fotolia.com
Página 65: © Christopher Corgiat - Fotolia.com; © Blue-Fox - Fotolia.com
Página 66: © Jaimie Duplass - Fotolia.com
Página 68: © Sean Prior - Fotolia.com
Página 74: © the_stalkerpt - Fotolia.com; © Mario Matos - Fotolia.com
Página 80: © Paul Murphy - Fotolia.com
Página 85: © Yali Shi - Fotolia.com; © O.K. - Fotolia.com
Página 90: © sonya etchison - Fotolia.com; © Dev - Fotolia.com
Página 91: © Luis Elvas - Fotolia.com; © Urbanhearts - Fotolia.com; © JackF - Fotolia.com; © Thaut Images - Fotolia.com;
      © Eray Haciosmanoglu - Fotolia.com; © Alx - Fotolia.com
Página 100: © photogolfer - Fotolia.com
Página 101: © Marco Koroll - Fotolia.com
Página 105: © Rui Araujo - Fotolia.com
Página 108: © AKhodi - Fotolia.com
Página 112: © Valery Potapova - Fotolia.com
Página 116: © © mario beauregard - Fotolia.com
Página 121: © Aramanda - Fotolia.com
Página 132: © Pavel Cheiko - Fotolia.com
Página 136: Convento de Cristo: janela do capítulo
      Autor da fotografia: Luís Pavão
      Data: 1995
      © fotográficos: IGESPAR, IPDIDA / Luís Pavão
      Convento de Cristo: vista lateral - © paulogmartins
Página 154: © Eve - Fotolia.com
Página 155: © Andrea Seemann - Fotolia.com
Página 157: © Gonçalo Carreira - Fotolia.com
Página 160: © Harvey Hudson - Fotolia.com